文化主题轴综合课程系列教材

男篮女舞

NAN LAN NÜ WU

上海市复旦中学体育教研组 ◎ 编

上海教育出版社
SHANGHAI EDUCATIONAL PUBLISHING HOUSE

编委会成员

陈绍辉　唐　莉　胡晓红　江仁斌
罗佩娜　刘巧玲　袁　俊　胡　彬

目 录

总序 …………………………………………………………………… 1
前言 …………………………………………………………………… 1

上篇　篮球

　　第一单元　篮球运动的起源与发展………………………………… 3
　　第二单元　篮球技战术简介………………………………………… 4
　　第三单元　篮球基本用语解说……………………………………… 5
　　第四单元　练习的基本概念与注意事项…………………………… 6
　　第五单元　篮球技战术运用实例…………………………………… 7
　　第六单元　篮球比赛的违例及罚则………………………………… 46
　　第七单元　篮球比赛犯规简介……………………………………… 51
　　第八单元　篮球运动的竞赛组织工作与编排……………………… 56

下篇　舞蹈类

　　踏板操………………………………………………………………… 61
　　第一单元　踏板操简介……………………………………………… 61
　　第二单元　基本动作及规定套路…………………………………… 63
　　第三单元　创编原则及方法………………………………………… 72
　　第四单元　踏板操的欣赏…………………………………………… 76
　　纱巾舞………………………………………………………………… 85
　　第一单元　纱巾舞简介及锻炼意义………………………………… 85
　　第二单元　基本动作及规定套路…………………………………… 87
　　第三单元　创编意义、原则与方法………………………………… 118

绳操··················125
第一单元　绳操简介及锻炼意义··················125
第二单元　基本动作及规定套路··················126
第三单元　创编原则及方法··················164

拉丁舞··················166
第一单元　拉丁舞简介及锻炼价值··················166
第二单元　拉丁舞——伦巴舞··················168
第三单元　拉丁舞——恰恰恰··················179
第四单元　拉丁舞创编原则及方法··················190

剑舞··················193
第一单元　剑舞的简介及其历史文化··················193
第二单元　剑舞规定套路··················196
第三单元　剑舞的欣赏··················213

太极拳篇

第一单元　太极拳简介及特点··················221
第二单元　太极拳基本动作及套路··················223
第三单元　复旦中学太极拳套路··················226
第四单元　太极拳欣赏··················236

总 序

于 漪

这是上海市复旦中学的一组发展性校本教材,它们是《寻梦复旦园》《辨"砖"识"屋"》《掌中求索》《跟着环球游画看世界》《高中英语读写教程》《西方文化掠影》和《男篮女舞》。这组教材综合性特点鲜明,内容简明扼要,图文并茂,富有趣味性,不但能使学生开阔视野、学到知识,而且能受到优秀文化的熏陶。

翻开《寻梦复旦园》,爱国气息扑面而来,我情不自禁地想起教李大钊的名文《艰难的国运和雄健的国民》时的情景,爱国情怀油然而生。近代以来,我国饱受帝国主义欺凌、宰割,但多难兴邦,不少志士仁人愤然而起,振兴中华。兴国首先要有各种人才,培养人才必须兴办教育。复旦中学成立与发展的百年历史,正是鲜明的写照与缩影。篇篇回忆性文章倾注深情,娓娓道来,如数家珍。这是复旦中学独有的优秀文化和宝贵的精神财富。自家的历史能令师生倍感亲切。19世纪俄国伟大思想家赫尔岑认为:"充分地理解过去,我们可以清楚现状;深刻认识过去的意义,我们可以提示未来的意义;向后看,就是向前进。"复旦学子了解复旦的过去,理解复旦前辈的创业精神、奋斗精神,就能具体地意识到自己肩负的责任,勤奋学习,奋力前行。

《辨"砖"识"屋"》是通俗的史料解析入门书,可作中国史、外国史教学的延伸与补充。在历史教学中,有个阶段往往重观点轻史料,这本教材把史料和史学著作比作"砖"与"屋",就是一种十分形象的提醒。砖不结实,怎么造出坚固的房屋?豆腐渣工程一推就倒就是明证。一个史家,如果不在史料上考究一番,不认真辨真伪就舞文弄墨,写出来的史书就不是信史。如北齐魏收的《魏书》,就被后人称为"秽史"。中学时代学一点史料学初步知识,打一点历史文化的基础,对启迪思维、崇尚科学十分有益。

如果说《辨"砖"识"屋"》有比方意味,那么《掌中求索》的书名倒是反映真实,它真的教你在掌中求索。TI图形计算器只有巴掌大小,被人称为"掌上电脑""掌上实验室",一器在手,的确可以"运科技实验于掌"。这给人们随时随地进行科学探索带来很大的方便。本课程的设计就是以 TI 图形计算器为桥梁,实现数理化跨学科学习,充满时代气息,培养学生综合学习能力,以符合时代需求。

《跟着环球游画看世界》则给学生以艺术享受。这本图文并茂的教材是行万里路的实践成果。作者行经五大洲近六十个国家和地区,写下几十万字文字资料,画下几百幅钢笔淡彩写生画。扎实的旅游实践、生动的艺术文化实践支撑了这门课程的研究,这种执著追求的精神难能可贵。古人有所谓"卧游",足不出户,通过美好的画图享受大自然的美景,这实在是条件不具备时不得已求欢乐的一种方法。而今杨云平老师行万里路,不仅画出美景风情,还介绍世界各地的风土人情,扩展国际视野。显然,这门课程能增进学生对世界的认知,培养艺术修养,学生在开阔视野的同时,必能获得审美的愉悦。

英语学科的《西方文化掠影》教材主要体现了以下三方面理念:①为提高学生多元文化背景下的文化品格和人文素养奠定良好基础;②根据学生的欣赏力、鉴别力以及接受力设计文化拓展型课程;③所选内容具有生活性、时代性和文化性。

"西方文化掠影"拓展型课程的开设有利于学生了解语言文化差异,尊重并包容异国文化,增强民族自尊心,有助于帮助他们掌握恰当的交际方式,促进思维发展,为他们进一步认识世界,适应社会打下良好的基础。相信"西方文化掠影"拓展型课程能为学生打开一扇"通向世界的窗口"。

文化涉及生活、习俗、信仰、价值观以及人们对日常事务的看法和情感,必须充分考虑学生的欣赏力、鉴别力以及接受力。通过这些课程的学习,要让学生逐步意识到人的行为和思维习惯无不受到文化背景的影响,增加学生对文化内涵的了解,激发学生对目标文化的求知欲和认同感,增强民族自尊心。

文化是一个民族的精神和灵魂。没有文化,人就没有精神追求,就会变得空虚。文化决定着全民的素质。复旦中学以文化为主题轴开发校本综合教程,是有远见的举措。祝愿以此为起步,编撰更多的校本教材。

前　言

在复旦百年的发展历程中，始终坚守着"自强育人"的办学思想，即复旦公学老校长严复先生提出的"德育自强、智育自强、体育自强"，强调人格、创新、体格的全面发展，反映了百余年来复旦先贤和后辈在培养复旦学子品质上的执著追求。

20世纪80年代后期，复旦中学先后组建了游泳队、网球队、乒乓球队等，秉承"团结、服务、牺牲"的复旦精神，各支队伍刻苦训练，顽强拼搏，都取得优异的成绩，篮球、乒乓球成为学校的品牌特色，在上海市有着一定的知名度。

立足于发展"文理相融，人文见长"的办学特色，培育"博学而笃志，切问而近思"的复旦学子，学校自2009年以来，着手开展文化主题轴综合课程建设的实践研究，以此为契机，体育组的教师们着手体育学科的教育教学改革，探索课堂转型，积极开展课题研究，开发文化主题轴综合课程，逐渐形成了"男篮女舞"的课程特色。为了更规范、系统地服务于体育教学，体育组全体教师群策群力，在理论中构建，在实践中改革，历经10年时间，逐步形成了《男篮女舞》的校本教材。全篇由上篇篮球、下篇舞蹈类和太极拳篇构成，舞蹈类包括踏板操、纱巾舞、绳操、拉丁舞以及剑舞。本书旨在为培养学生身体、心理、社会适应能力做出贡献。

《男篮女舞》校本教材在坚持"健康第一"指导思想的同时，凸显体育运动的文化内涵，在增加学生健康知识与运动技能、发展学生身体美与动作和谐的同时，促进学生形成较强的对生命美的发现能力、感受能力、欣赏能力，使其具有良好的心理品质与积极的生活态度。

当前，我校正在进行上海市实验性示范性学校的创建工作，体育工作作为创建工作的一项重要内容之一，也受到专家的一致认可。我们相信在复旦中学体育精神的引领下，复旦人的强身健体、报效祖国的梦想一定能够更有效、更彻底地实现。

上篇　篮球

篮　　球

第一单元　篮球运动的起源与发展

篮球运动是由美国马萨诸塞州斯普林菲尔德市（春田市）基督教青年会干部训练学校的体育教师詹姆士·奈史密斯于1891年发明的。他受启发于当地青年摘桃扔入桃筐的活动性游戏，于是在一块场地的两端设置两个竹制桃筐，展开投篮比赛，这是篮球运动的雏形。

现代篮球运动的演进包括5个阶段：

1. 初创试行阶段：1892年，史密斯将比赛场地按照进攻方向分为后场、中场、前场，同时明确了比赛的要求，不久又提出了13条简明而必须严格执行的比赛规则。

2. 完善、推广时期：1932年6月18日在瑞士的日内瓦由葡萄牙、意大利、希腊等欧美八个国家的代表酝酿组织国际业余篮球联合会。会上以美国大学生篮球竞赛规则为基础，初步制定了国际统一的13条竞赛规则。规定比赛人数为5人；场地上增加了进攻限制区，进攻投篮时，若对手犯规，则投中加罚一次，未中加罚2次；竞赛时间改为20分钟一节，共赛两节等。1936年第11届奥运会上，篮球运动被列为男子正式比赛项目，现代篮球从此登上国际竞技舞台。

3. 普及、发展时期：20世纪50—60年代篮球运动员的高度开始成为现代篮球竞赛中决定胜负的重要因素之一。进攻、防守技术和战术有了明显提高。

4. 全面提高时期：1976年第21届奥运会篮球赛中，女子篮球被正式列为奥运会竞赛项目。20世纪80年代中期，篮球竞赛规则对进攻时间、犯规罚则做了修正，并规定了远投区，增加了3分球的规定。

5. 创新、攀登时期：1992年西班牙巴塞罗那奥运会上，以美国"梦之队"中的乔丹、约翰逊等为代表的现代篮球技巧表演，把这项运动技艺表现得更加充实完善，战术打法更为简练实用。

现代篮球运动的特点，分为空间对抗性特点（高空性、瞬时性）、内容多元化特点、多变及综合性特点、健身及增智性特点、启示及教育性特点、职业及商业性特点。现代篮球运动发展朝着智在充实，高在壮、灵，悍在凶狠，快在节奏，准在提高，全在综合，变在瞬时，新在奇特，技在升华，阵在机动，帅在智谋，男、女篮并趋的方向发展。

现代篮球运动于1895年，由美国国际基督教青年会派往中国天津基督教青年会就职的第一任总干事来会理介绍传入我国天津市，因此，天津市是我国篮球运动的发源地。

篮球运动自1895年传入中国后，于1914年1月举行的第一届全国运动会被列为比赛项目。

篮球运动的本质是一种娱乐、健身的体育游戏，也是一项国际性的竞技体育运动，又是一门学科课程，还是一种新兴的体育产业，这是一种人类进步的社会文化现象。

第二单元　篮球技战术简介

篮球的技术分为进攻和防守两大类。

进攻技术包括：传接球、运球、投篮、持球突破、移动和抢进攻篮板球技术。

防守技术包括：抢球、断球、打球和防守对手以及移动和抢防守篮板球技术。

篮球的战术分为进攻和防守两大类。除个人进攻与防守的战术，战术的基础配合也分为进攻基础配合和防守基础配合。

进攻基础配合包括：传切、掩护、突分、策应。

防守基础配合包括：针对掩护而来的挤过、穿过、绕过、交换防守，其他还有关门、夹击、补防、围守。

全队战术分为：

1. 快攻——防守快攻。

2. 人盯人防守——进攻人盯人防守，包括：半场、全场和全场紧逼。

3. 区域联防2—1—2阵型——进攻区域联防1—3—1阵型。

4. 区域紧逼——进攻区域紧逼。

5. 混合防守——进攻混合防守（指同一时间内出现两个防守体系的交叉）。

6. 固定配合——防守固定配合。

第三单元　篮球基本用语解说

这里为各位同学介绍球场上的各个区域。如果对练习方法中的"地点"有不懂的地方，请参考此处的解释。

底线：划分出球场范围，位于篮筐后方的线，也称之为端线。

禁区：区隔出篮筐周围的区域。此区会涂上与球场其他区域不同的颜色，所以也称之为油漆区。进攻方的球员不可在此区域停留超过3秒钟。

全场：指整个球场。

半场：指整个篮球场的一半。

罚球线：距离底线5.8米处，对方犯规时，将于此处执行罚球。

边线：区隔出球场左右两边的线。

中线：在球场中央，将球场一分为二的线。

高位：禁区线附近，接近罚球线的区域。

低位：禁区线附近，接近篮筐（底线处）的区域。

腰位：禁区线附近，位于高位与低位之间的区域。

中距离：介于禁区及3分线之间的区域。

3分线：一般进球都算2分，唯独在此线之外投进的计算3分。

中圈：位于球场正中间的圆圈。比赛即将开始时，各队会派出一位球员于此圈中进行跳球的动作。

弧顶：在3分线上方附近，接近篮筐正面的区域。

后卫攻击区域：3分线上方附近，稍微偏离篮筐正面的区域。因两位后卫在场时经常使用此区，所以也称作双后卫区。

两翼：3分线附近，接近篮筐45度角的区域。

第四单元　练习的基本概念与注意事项

一、要分清楚此练习是在比赛中的哪个时段运用

练习中非常重要的一点是，得随时以比赛的实际情况为考量。长时间漫无目标地进行练习，是无法提升效率的。

但是，这也不代表练习的时间越多越好。重点是必须十分清楚及了解，这样的练习是为了比赛中的哪个时段灵活运用。

篮球与网球、羽毛球等回合竞技的运动不同，它会与队友及对手有所接触。正因如此，比赛不会一直重复完全相同的攻防动作。教练员应当准备一套能针对瞬息万变的状况而采取应对措施的练习课程表。

二、加强"位置技巧"，同时做好基础练习

每个球员在球队都有各自的位置。为了做好每个位置被赋予的任务，球员必须好好练习所属位置中应具备的基础技术。

但只做强化自己位置的练习，是无法扩展篮球技巧的。以前，高个子的队员只要懂得篮下各种攻防技巧即可，但以现代的篮球趋势来看，高个子队员也必须具备远离篮筐的各项技巧与活动力。练习的关键在于取得相对的平衡，也就是说队员需要一边强化自己的位置的练习，一边培养其他位置的基础技巧。

三、让练习目的明确化

以球员个人来说，充实精神方面的强韧度、技术方面的成熟度以及体力方面的充沛度是非常重要的。此时必须注意的是，一定要很清楚目前所进行的练习是针对心、技、体哪一方面的练习。而有时候即使是相同的练习，也会因为设定时间的不同，而导致结果完全不同。

例如尚处于基础投篮姿势的阶段练习时，就要求球员加快出手的速度，而此时球员身体还处于不稳定的投篮姿势，快速出手就会养成错误动作。如果球员正处于正确投篮的阶段，应该一球一球慢慢练习，等身体熟悉正确的姿势后，再试着加快出手的速度，最后再在模拟比赛的练习中适应投篮节奏。

第五单元 篮球技战术运用实例

一、个人技术

（一）投篮

1. 立定投篮

技术解说：将双脚固定于地板上投篮的方式，我们称之为立定投篮。这是一项罚球或是无人防守时经常使用的投篮方式，在比赛中提升这种投篮命中率的关键在于固定自己的投篮姿势，所以必须不断练习直到能以一定的节奏进篮为止。此外，立定投篮也可以使用"双手投篮"的方式。

立定投篮最具代表性的使用时机莫过于罚球了。罚球是比赛中唯一可以在无人防守的情况下轻松投篮的机会。此时可以好好利用这个机会，提高投篮的准确度。因此，罚球前是否能让自己放松是关键。罚球前可先轻轻地将球拍几下，然后稳住下半身的重心后将球投出。

图解：（1）双脚之间的距离与肩同宽，轻轻弯曲膝盖以稳住重心，右脚稍稍向前（右撇子）。

（2）维持这样的姿势，单手将球举起后至眼睛以上接近额头的位置。

（3）运用全身的力量将球往上带，并通过单手将力量传至球上。将投篮的惯用手手肘移动至球的下方。

（4）球离手后，暂时保持相同的姿势不动。充分利用手腕的力量将球拨出，使球产生后下旋的轨迹。

2. 自己抛接球后跳投

技术解说：没有队友协助，也能够一个人练习的投篮动作。确保做好投篮前的接球动作，以及之后的跳投动作。

步骤：（1）先在靠近篮筐的地方练习。自己将球抛出，让球反弹回来。

（2）朝球的方向靠近，接球后跳投。

图解：（1）将球后旋后轻轻往上抛，让球在地板上反弹回来。

（2）身体趋前接球。

（3）接球后准备跳投。

（4）顺着这个动作将球投出。

教师讲解：将球后旋后再抛出，球会比较容易回到自己手上。请在前方有防守球员的情况下练习。

建议：投篮，是一种球员自己个别练习就能提升的技术。请尽量安排多样化的个人投篮练习项目，多进行一些自主性的练习。

3. "V" 形移位投篮

技术解说：通过 "V" 形移动后，抓准时机投篮。

步骤：（1）球员①于弧顶持球。

（2）假想前有防守队员，球员②自两翼处开始以 "V" 形往禁区移动，然后快速往外围接应球。

（3）球员①将球传给球员②。

（4）球员②接到球员①的传球后，从两翼处投篮。

教师讲解：这是一种假设前方有防守球员，所以先将对方诱至篮下，然后快速往外围走位，制造出传球空间，再拉到外围接球投篮的练习。在引诱防守球员往篮下移动时，动作可先缓慢，等到要外围投篮时再突然加快移动速度让对方措手不及。

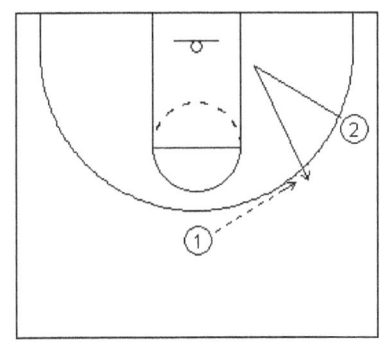

4. 反手上篮

技术解说：基本动作是数 "1，2"，以两拍的节奏重重踩下脚步，接着闪过篮筐，在跳跃至顶点时轻轻放球。以非惯用手投篮也可以增加投篮的难度。球员应针对手腕的柔软度勤加练习，让非惯用手也能像惯用手一样运用自如。

像上篮或反手上篮这种跑动型的投篮技巧，最好能达到百分之百的命中率。因此球员必须尽可能地避开对方的防守，投进这些必进球。要做到这点，必须让左右手都能运用自如，这样就能根据场上的形势自由决定改用哪只手投篮，增加放球点的变化，让防守者难以捉摸。

图解：（1）牢牢抓住球，踏出第一步。

（2）重重踏出第二步后，将球举起。

（3）闪过篮筐后，将球轻轻放入篮筐。

5. 要位后转身跳投

技术解说：做好转身动作后再出手投篮。选择靠近篮筐的位置出手固然命中率高，但防守方的防守也会相对严密。因此必须不经身体碰撞将防守者卡在身后，以取得较佳的进攻位置。

卡住位置并接到己方的传球后，必须用余光及肩膀确认防守者的位置。这时如果判断可以直接投篮，就将转方向的轴心脚向后拉，做出转身动作。若原本欲转身的方向遭到阻碍，则可如下页图中所示快速朝反方向转身，做出投篮动作。

万一情况有变，也可选择传球。在禁区线附近背对篮筐接球后做攻击动作称之为禁区单打。同样是禁区单打，若是在篮筐附近，称之为低位单打，若在罚球线附近，则称之为高位单打。卡到位置后如能立刻进行攻击当然是最好的，但不应勉强进攻。有时在卡到位置后把球传出，让球轮转后再进行攻击反而会让攻击更加顺畅，所以根据场上的情况做出正确判断是非常重要的。

图解：（1）将防守者卡在身体后方要球并稳稳接住传球。

（2）接到球后用余光及肩膀确认防守者的位置。

（3）若想转身的方向感觉有人防守时，可朝另一个方向转身。根据临场状况甩开防守者做转身动作，切记轴心脚不可移动。

（4）甩开对方的防守后跳投，建议使用基本的跳投动作。为了提高命中率，请确保甩开对方的防守后再跳投。

（二）控球

1. 坐姿双脚绕环

技术解说：培养控球能力，同时可当作伸展运动，借此提升髋关节的柔软度。

步骤：（1）坐着，尽可能将双腿张开。

（2）球在双腿四周绕环。

坐着张开双腿，将球在身体四周绕一圈，绕完后可往反方向绕。

教师讲解：如果球员能较流畅地完成该动作，接着请尝试一边运球一边绕球。这个动作需要更高的控球力及身体的柔软度。

2. 双手以不同高度运球前进

技术解说：借由不同高度的运球，提升双手的控球能力。

步骤：（1）双手持球，一只手以较大力道运球，另一只手以较小力道运球。

（2）以左右不同的高度运球前进。

教师讲解：此练习让球员一手以较大力道运球，另一手以较小力道运球。运至一定次数后，左右交换练习。看起来简单，但左右手要运至不同高度其实是相当困难的。请反复练习至能以一定节奏顺利进行。

3. 内外换手运球

技术解说：这是一种让对方以为自己要将球运往内侧，实际上却运往外侧的技巧。此技巧也是让对方误以为自己要换手运球的假动作。

步骤：（1）单手运球。
（2）假装要换手运球，做出将球由外侧运往内侧的假动作。
（3）将球向外侧而不是内侧运。
（4）继续用原手运球。

图解：（1）一边运球一边前进。
（2）假装换手运球。
（3）不将球向内侧，而是将球向外侧运。
（4）继续运球。

教师讲解：做出换手运球的动作时，会诱使对方抄球。这时将球由内侧往外侧移动的内外换手运球将成为最佳诱敌工具。这个技巧的重点在于，让对方不能辨别我方到底是要朝右方还是左方前进。

注意事项：利用这种技巧运球时，切记不要抓着球以免形成违例，关键在于运球时尽量利用球的上半部。

4. 急停加速运球

技术解说：想突破防守球员，变换运球的快慢节奏是很有效的。此练习的目的在于学习如何控制运球的快慢节奏。练习时有防守对象固然比较容易抓住停球的时机，不过单人也能练习。

步骤：（1）运球前进。

（2）运球急停，诱骗防守球员提高重心。

（3）当防守者急停时，立刻加速前进。

（4）运球过人。

图解：（1）首先运球前进。

（2）快速运球急停，防守球员会跟着进攻者急停。

（3）重心放低，突然加速运球前进。

（4）过了防守球员后继续运球。

教师讲解：突破防守球员时必须铭记在心的重点就是"节奏的变化"，也就是控制运球速度的快慢。运球时突然由慢转快，或是由快转慢，都可以拉开与防守球员的距离。重点在于加速的时机，并不是运球的速度快，就能顺利突破对方防守。相对而言，即使运球速度慢，也有可能过得了对方。其中的关键在于球员是否能变化节奏欺骗对手。

5. 半场1对2

技术解说：培养球员在两位防守球员间突破运球的能力。若球员具备同时甩开两位防守球员的技能，个人单打技巧将突飞猛进。

步骤：（1）负责运球的球员 A 持球。

（2）防守方必须模拟实战的情境，由 B 紧贴 A，C 在稍后方准备协防。

（3）C 上前趋近防守 A。

（4）A 抓准时机，朝 B 与 C 的空隙处运球突破。

图解：（1）基本上是 1 对 2 的攻防。其中一位防守球员 B 紧贴着持球者 A，另一位防守球员 C 则在稍后方准备协防。

（2）在稍后方的 C 上前协防。

（3）A 必须找出两位防守球员间的空隙。

（4）接着运球突破。

教师讲解：想突破两位防守球员的防守，须找出对方两人之间的空隙。但如果对方将中间的路径给堵死的话，进攻球员就必须具备从左右两侧运球突破的能力。

进阶练习：当进行 1 人进攻、2 人防守的练习时，若防守球员抄截到进攻球员的球，也可转为 2 对 1 的攻守转换练习。请在练习时模拟实战情境，让自己的运球技巧更上一层楼。

上篇 篮球

（三）传球

1. 棒球式传球

技术解说：要将球传给距离自己很远的队友时，最常用的传球技巧就是棒球式传球。这样的传球方式必须将球由肩膀处传出，就像棒球球员投球的姿势。如果传球的动作太大，不但要花费较长的时间，同时也很容易让防守方洞悉传球路径而被对方抢去球。所以在运用这种传球技巧时，请记得尽可能快速把球送出。

图解：（1）单手持球，将球举至高于肩膀的位置，准备将球传出。

（2）单手将球传出。球离手时要转动手腕让球旋转，运用手腕的力量，尽可能以最快的速度将球传出。

2. 往传球方向趋近的对向传球

技术解说：使球员养成一传球就立刻向前移动的习惯。

步骤：（1）两位球员面对接球者排成一列。

（2）传球后立刻向前移动。

（3）朝对面传球后立刻向前移动，排到接球者的后方。

教师讲解：球员可先跨出一

步以助传球,接着迅速移动。

3. 加入防守球员的对向传球

技术解说:在正式比赛中,防守者通常会针对进攻者的传球动作施压干扰。所以当球员熟悉了传球方式后,接下来就是学习如何在有防守者的情况下传球。

步骤:(1)三人一组,其中两人面对面站定,中间夹着一名防守球员。
(2)负责传球的两人互相传球,防守者则向持球者施压。
(3)当持球者将球传出后,负责防守的球员朝传球方向移动,继续阻挠另一位持球者传球。

教师讲解:想在防守者的阻挠下顺利将球传出,关键在于假动作。所谓的假动作,指的是欺骗对方的动作。"假装往上方传,却由下方传出""假装往右边传,却由左边传出",类似这样的假动作在比赛中是相当实用的,请勤加练习。

建议:负责防守的球员一开始不需要太积极地抄球,只要对持球者施加压力即可。当抓住练习的要领后,负责防守的球员可积极地伸手抄球,逐渐将防守强度提高至真实比赛的程度。

4. 往传球方向移动的四角传球

技术解说:提升球员传球后跑动的意识,可全队一起练习。

步骤:(1)如图所示排列成正方形。
(2)①移动至图中标示的位置后,接受②的传球,而②在传球后也移动至图中标示的位置。

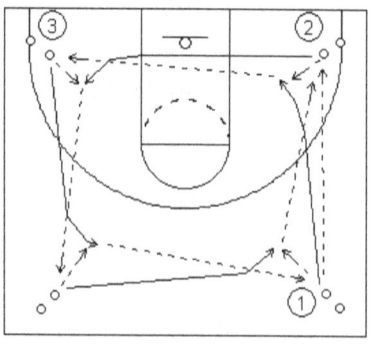

（3）①接到②的传球后，将球传给对面的③，接着排到③的后方。③再将球传给②，移动至图中标示的位置。之后按照这样的顺序，不断重复练习。

教师讲解：练习时记得互相喊出声音，让对方知道自己要传球。这样不仅可提高队友间的默契，同时还可能提升练习气氛。

5. 三人传球

技术解说：此为三人边移动边互相传球的练习，与上个练习相同，可增强球员的体能。练习时请注意三人必须以相同的速度移动。

步骤：（1）三人一组，由①球员持球。

（2）①先传给②，②再回传给①，接着①传给③，最后③再传给①，依照这样的顺序，三个人一边移动一边传球。

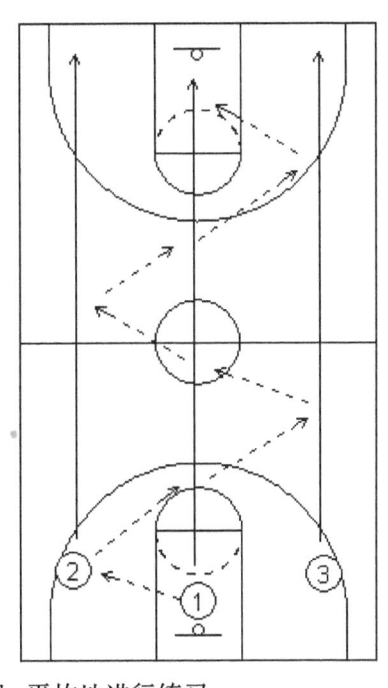

教师讲解：此练习的重点是配合向前移动的接球者，传球者须将球传至接球者的稍前处。中间的球员除了负责接球之外，还要将接到的球快速传至另一边。所以两侧的球员必须轮流与中间的球员交换位置，平均地进行练习。

（四）防守

1. 滑步

技术解说：此为抑制对方运球动作的基本防守步法。进行此练习时切记别让双脚交叉移动。

图解：（1）摆好防守的基本姿势。

（2）将移动方向的那只脚朝横向跨出，并向斜后方移动。

（3）另外一只脚也跟着移动，维持基本姿势。

（4）练习到一定程度后，变换方向。

　　教师讲解：练习此步法的重点在于横向移动的时候，千万不可并拢双脚。双脚的间距基本上不可小于肩宽，移动时必须随时注意双脚间的距离。

　　建议：如果移动时双脚并在一起的话会导致上半身不稳而失去平衡，这样对手就容易趁此空当运球突破，所以必须随时加以注意。

2. 综合运用（1对1）

　　技术解说：此为更接近实战的一种防守脚步练习，面对迂回前进的进攻者时，可以运用多种脚步对应。

　　步骤：（1）两人一组，持球的球员运球迂回前进。

　　　　　（2）防守球员观察持球者的动作，运用多种防守脚步与之对应。持球者的运球速度可视练习的难易度做适当调整。

　　教师讲解：练习的时候基本上是用滑步，当对方的速度加快时，再利用侧跑来应对。另

外，持球的球员要变化运球方式，迫使防守球员做出不同的防守脚步动作。

建议：让持球者运球，做更接近实战的练习。练习前要先明确练习的目标，以练习防守脚步为主，不强制抄球，让球员进行实战练习的1对1攻防。

3. 投篮、传球、运球的应对

技术解说：让球员熟悉如何控制防守时与持球者的距离以及手部的动作。

步骤：（1）两人一组，其中一人持球，另外一人贴身防守。
　　　（2）负责防守者须针对持球者做出对应的防守动作。当持球方欲投篮、传球或运球时，须做出相对应的阻挡动作。

图解：（1）与对方保持一定的距离，摆出防守的基本姿势。
　　　（2）若持球者做出投篮的动作，须将手向上举起。
　　　（3）若持球者做出传球的动作，须用手挡住持球者传球的线路。
　　　（4）若持球者做出运球的动作，须将手向下伸出做阻挡的动作。

教师讲解：与对方保持一定的距离后，若对方要投篮，就必须用手去遮拦；当对方开始运球时，则必须伸手向下做阻挡动作；若对方想传球，则必须将手伸向对方欲传球的方向做封阻动作。

建议：不管对方做出投篮、传球还是运球的动作，基本上都要跟对方保持一臂的距离。如果距离太近，容易被对方带球过人；如果距离过远，则容易被对手使用跳投。

4. 信号防守

技术解说：信号防守主要目的在于提高球员防守时的敏捷性。球员要根据信号手打出的信号，朝前后左右移动。

步骤：（1）一人充当信号手负责打信号（可由教师代劳），其他人则摆出防守的基本姿势。

（2）根据信号手打出的信号，迅速向前后左右移动。

图解：（1）一人充当信号手负责打信号，其他人则摆出防守的基本姿势。

（2）若信号手单手打出信号，防守者就朝该方向移动。

（3）若信号手双手往前推，防守者就向后移动。

（4）若信号手双手向上举，防守者就往前移动。

教师讲解：此防守练习也可以作为热身运动。前后左右移动时，请保持将头抬起的基本防守姿势，千万不要漏看信号。

建议：通过用手打信号，让球员依照信号前后左右移动，以此训练防守的敏捷性。不过可以在练习中加入其他信号，比如夹杂笛声，若吹出长声，则代表进攻方已经掉球，这时可以要求球员立刻向前争球。

5. 协防还原防守

技术解说：让球员学习协防（暂时离开正在盯防的对象，协助队友防守持球的队员）的基本概念。

步骤：(1) 按如图所示的位置排列。首先由位于弧顶的②向前运球。

(2) 正在盯防③的❶离开原来的防守位置，参与阻挡②运球的防守。

(3) ②在❶趋近后，将球传给③。

(4) ❶回去盯防接到球的③。

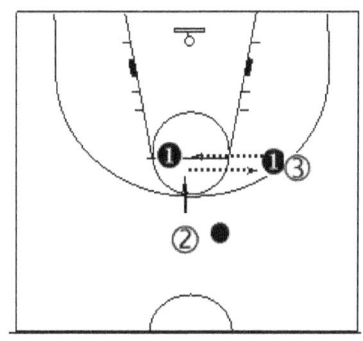

教师讲解：持球球员利用运球到防守者身后，将球传给队友制造机会的进攻战术称为切传。面对这样的进攻方式，防守方必须趋前才能有效阻止。请务必在洞悉对方的动作后，再做出对应的防守动作。

（五）篮板球

1. 卡位

技术解说：当持球者出手投篮后，防守者不让自己盯防的对象进入篮下而进行阻挡的动作，称之为卡位。为了能掌握住防守篮板，去争夺篮板球之前，应该先让对手无法靠近篮下。这样一来就算自己无法抓到篮板球，至少其他队友也会有机会抢到篮板球。如果全体队员都能积极卡位的话，球队争夺篮板球能力将会大大提升。同时要随时注意自己的站位。当争夺位置的对手身高比自己高，或是弹跳能力比自己强的时候，除了背向对方卡位之外，还可以直接面对对方卡位。正面朝向对方，可以防止对方进入篮下，但这样一来，自己也不容易抢到篮板球，所以通常会交由其他队友帮忙争夺篮板球。无论什么样的卡位动作，在防守时移动到适当的位置，让球随时保持在自己的视线范围内，并及时做出判断是非常重要的。

图解：（1）持球者出手投篮后，马上确认自己盯防对象的位置。
（2）确认对方的位置后，以身体贴近对方，使之无法进入篮下。
（3）贴住对方后，转身把对方挡在身后，方便争夺篮板球。
（4）运用全身，将一心想往篮下挤的对手推出篮下。

2. 双手抢篮板球

技术解说：当对方出手投篮后，若能成功卡到好位置，或是对方尚未做好卡位的动作时，就有机会抓下篮板球。此时应该用双手去争抢篮板球，并在空中牢牢将球抓住。

另外，抓篮板球不是把球抓下来后就结束。落地的瞬间，一定会有对方的球员想要抢球，所以不可以轻易将球往下摆，应该将球拿在较高的位置并不断挥动，让对方难以下手。

篮球界有句名言，那就是"能控制篮板球的人，就能控制比赛。"抢下篮板球能再度夺回进攻权，增加己方进攻的次数。另外对其他球员来说，也会因为"有队友会帮忙抢篮板球"而安心，能自信地投篮。所以球员千万别轻视争夺篮板球的技术。

图解：（1）缩短自己与盯防对象间的距离。持球者出手投篮后，马上确认自己盯防对象的位置。

（2）张开手臂，增加卡位面积，防止对手进入篮下。贴住对方身体后弯下腰，防止对方进入篮下。

（3）判断好球的落点后跃起，跳到最高点时用双手抓球。

（4）落地后牢牢抓住球，不让对手抢走。落地不要将球往下摆，要牢牢地把球抓在胸前的位置。

3．单手抢篮板球

技术解说：当对方或队友出手投篮后，若因为无法完全卡到位置而必须与对手互争篮板球时，此时必须以单手来争夺篮板球。

比起双手抓篮板球，单手的好处是能在更高的地方抓到球。但也因为是用单手，所以抓到球后直接被对方抢走的可能性也相应增加。所以单手抓下球后，应该迅速用另一只手帮忙护球，并尽可能把球保持在较高的位置。

此外，若无法在第一次的触球机会中完全掌握住球的话，就必须连续弹跳，将球拨到靠近自己的位置。抢篮板球时，务必要针对当时的情况及时应变。并不是身高高的人，就一定抓得到篮板球。要争赢篮板球，非抢到球不可的决心以及判断球落点的能力才是关键。另外，比较容易被忽略的一点是，投篮者本身在投篮后立刻抢进攻篮板球的意识。一般人会在投篮后，将抢篮板球的责任交给队友，但出手不进的球会弹到哪里，其实最清楚的应该是出手者本人。因此出手者在投篮后抢篮板球的意识也是相当重要的。

图解：（1）投篮后立刻确认对手的位置，防止其进入篮下。

（2）尽可能地跳高，并在跳到最高点时抓球。

（3）抓到篮板球后，将球保持在较高的位置。掌握球后要快速地将球拉近自己，并将球护在较高的位置。护球的位置基本上要在胸部以上，有时甚至要将球举高至头部以上，要随时抬头，以观察周围的情况。

4. 高抛后快速弹跳抓球

技术解说：球员跳到最高点后抓住球并迅速将球拉近身体护球的篮板动作。

图解：（1）将球高抛过顶。

（2）跃起后在最高点处抓球，并迅速把球收至胸前的位置。

教师讲解：平时或赛前的抓篮板球训练是非常重要的。就算只是

一个人去熟悉抓篮板球的感觉,也可以当成很好的热身运动。进行此练习时请记得一定要迅速将球护在胸前的位置。

5. 争球练习

技术解说:为了让球员学习掌握弹跳的时机以及如何运用身体抢球,可让球反弹地面后,由双方球员在空中争球。

步骤:(1)三人一组,一人持球,另外两人面对面站定。
（2）持球者在两人中间将球砸向地面,使其高高弹起。
（3）两人跃起争夺开始往下掉的球。

图解:(1)三人一组,一人持球,另外两人面对面站定。
（2）持球者在两人中间将球砸向地面,使其高高弹起。
（3）负责争球的两位球员抓准时机,准备在球弹到最高点时跃起。
（4）跃起后开始争球。

教师讲解:习惯了身体接触后,接下来就要通过更接近实战的练习来提高自身的篮板能力。双方争球时,也许无法在空中分出胜负,球也可能因此掉到地上,这时球员要尽快争抢。培养对球的执著态度也是本练习的目的之一。

建议：练习争抢篮板球时，注意力一定要集中，特别是在1对1的双人练习时，因为失去专注力容易造成运动伤害。例如常有球员在落地的瞬间踩到对方球员的脚而扭伤，所以练习时请记得要保持专注力。

6. 针对出手者的卡位

技术解说：就算对方出手投篮，也不可因此失去专注力，这时应习惯性地做出卡位动作。

步骤：（1）两人一组，首先由防守方将球传给进攻方。
　　　（2）进攻方接球后立刻出手投篮，防守方则立即趋前封阻。
　　　（3）投篮后，防守方立刻卡位，之后一边防止对方进入篮下，一边争抢篮板球。

图解：（1）两人一组，防守方将球传给进攻方后开始练习。
　　　（2）进攻方在接球后立刻出手投篮。防守方则立即趋前封阻。
　　　（3）投篮后，防守方迅速用身体将进攻方卡在身后。
　　　（4）防守方一边防止进攻方进入篮下，一边争夺篮板球。

教师讲解：试着模拟真实比赛的情况，在篮下、中距离及三分线等地方进行攻守练习。

建议：双方争抢篮板后，直接进行1对1的攻守练习，抢到篮板球

的球员可以直接展开攻击。

7. 丛林练习

技术解说：此练习可以让球员学习如何在篮下拥挤的情况下抢得篮板球，并快速出手得分。

步骤：（1）三人或四人一组。

（2）教师故意把球投偏，让参加者争夺篮板球。

（3）抓到篮板球的球员必须在其他球员的防守下投篮，直到其中一人顺利投进球为止。

教师讲解：此训练可让球员学会如何判断球反弹后的落点，以及了解如何用身体去做防守动作，借此培养抓篮板球的感觉。

（六）1对1个人技术

1. 接球后转身投篮

技术解说：甩开对方的防守后接球，接着运球转身甩开对手投篮。

图解：（1）负责进攻的球员A向外侧移动后接球（B为防守队员）。

（2）A侧身对B。

（3）A以靠近B的那只脚为轴心脚，自由脚朝另一方向移动并转身。

（4）A甩开B之后直接投篮。

教师讲解：这个技巧在接球后遭受强大压迫的防守时特别有效。

最重要的是，转身时绝对不可移动轴心脚，以及转身的速度一定要快。接下来要注意的就是投篮时要保持平衡，不可失去重心。

2. 强力运球和勾射

技术解说：此练习须在靠近篮下的位置进行。球员可借由强力运球所反弹的力道，顺势做出勾射动作。

图解：（1）在篮下进行 1 对 1 的攻防。首先由负责进攻的球员 A 运球（B 为防守球员）。

（2）A 寻找适当时机强力运球，然后将靠近防守方的那只脚用力跨出。

（3）A 利用身体挡住 B，准备勾射。

（4）A 利用从地板反弹上来的球顺势勾射。

教师讲解：在禁区附近运球时，除了负责盯防自己的防守者外，也会有其他防守者出手抄球。因此，持球者必须降低运球高度，以防对方抢夺。

二、基本战术配合

（一）小组配合

1. 弱边切入（走后门）

技术解说：弱边切入是从防守者的背后切入得分。

图解：（1）进行 2 对 2 的攻防，持球者①与另一名进攻者②及防守者如图所示站定。

（2）球员②将球传给球员①后，朝盯防自己的防守球员后方切入。

（3）球员②一边往篮下切入，一边准备接应球员①的回传球。此时球员①应调整传球的时机以及力道。

上篇 篮球

(4) 球员②接到球员①的回传球后，立刻上篮得分。

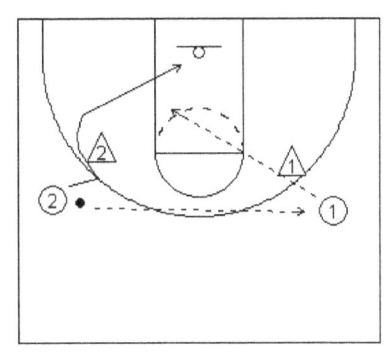

教师讲解：正式比赛时，球员可以假装做出强边切入，实际上却进行弱边切入（走后门）。或是当防守方已对弱边切入有所防备时，可以进行强边切入。通过和防守方周旋，才能制造出无人盯防的空间。

2. 两人里外组合

技术解说：学习利用低位单打得分的基本动作，先由两翼球员传球给低位球员，再由低位球员转身或利用单打脚步甩开防守球员投篮得分。

图解：(1) 进行 2 对 2 的攻防，持球者 A 与另一名进攻者 B 及防守者如下图所示站定。

(2) A 寻找适当时机传球给 B。

(3) B 接球之后，视情况转身或利用其他单打脚步准备投篮。

(4) B 晃开防守球员后，立刻出手投篮。

教师讲解：传球给低位球员的时候，基本上应该用地板传球，因为这样比较不容易让防守者有抄截的机会。还有，传球者要确认防守者的动作后再传球，以免遭到破坏或抄截。

3. 掩护后切入

技术解说：进行掩护后投篮时，防守者可能采取交换防守方式，或者两位防守者可能会上前包夹被掩护者，此时掩护者可往篮下方向走，接被掩护者传球后投篮。

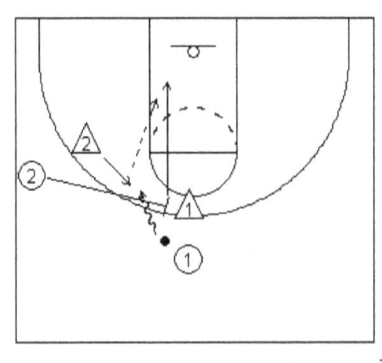

图解：（1）被掩护者①（此例为持球者）利用掩护者②甩开防守球员。
（2）原本防守②的防守者转而去防守①。
（3）②在防守者过去协防后，往篮下移动。
（4）②接传球后投篮。

教师讲解：在进行掩护战术时，无论掩护者或被掩护者，都必须保持宽阔的视野。每个进攻球员都要随时注意有没有在盯防自己的防守球员，掌握整场比赛状况。只有做到这点，才能有效突破防守。

（二）团队进攻

1. 快攻时场上五人的角色分配

技术解说：抢到篮板球后，第一个反应就是推进快攻。当对方发生失误而抄到球，或是抓到对方投篮没进的防守篮板球时，便可立刻展开己方的攻击。此时，应该趁对方布好防守阵势之前快攻。当己方的攻击人数多过对方回防的人数时，称之为"out number"，当然，己方参与攻击的人数越多，得分的可能性就越高。

就算参与快攻的人数有五人，快攻成功与否的关键还是掌握在负责运球的球员一人身上。快攻时，首先要确认对方有多少人回防，以及是哪种类型的球员回防等。根据对方回防的状态调整运球的速度，并观察有空当的队友，将球交给队友。此时最重要的是切勿操之过急。在对手尚未回防之前展开旋风式的快攻，但如果操之过急只会失去正确的判断，造成不必要的失误。

当其中一人拿到篮板球后将球传给负责运球的球员。负责运球的球员利用运球或其他动作，将球快速往前推进，不一定要一直运球，若发现有空当，可立刻传球。其中一人须守住后场，以防对手反快攻。尽可能快速转移球，将球交到有空当的队友手上。

2. 全场 2 对 1

技术解说：养成取得球权后立刻发动进攻的习惯。因为是全场进攻，所以必须提升自己的奔跑能力。

步骤：（1）进行全场的 2 对 1 攻防。进攻者①先将球打向篮板使之反弹，在抓下篮板球后开始动作。

（2）进攻者通过运球和传球将球往对方篮筐推进。

（3）防守者一边观察对方的传球路径，一边回防，并尽量阻止对方上篮。

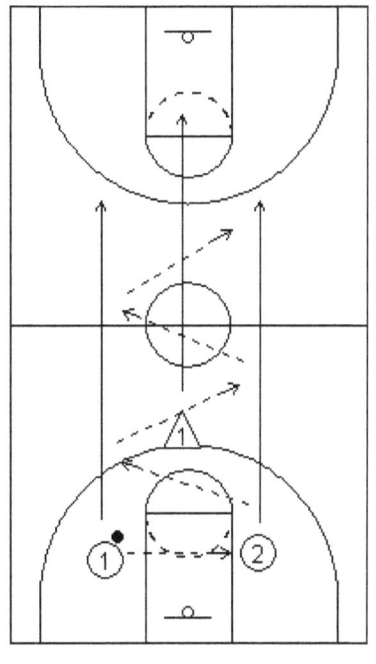

教师讲解：对进攻方来说，2 对 1 是占有绝对优势的一种进攻状态。对于防守来说，若趋前去阻止对手运球或是企图阻断对手传球路线的话，将会导致另一名进攻球员获得空当，所以防守方基本上只要快速回防，并观察对方的传球路径即可。

进阶练习：熟悉这项练习后可以反复操演以提升球员的体力。

3. 三人小组进攻

技术解说：此为三人快攻的基本战术。请模拟正式比赛的情况，顺利将球推进到前场。

步骤：（1）三人一组，进攻球员①先将球打向篮板使之反弹，在抓下篮板球后开始行动。

（2）球员②在球员①抓下篮板球的同时往球场中央移动，接

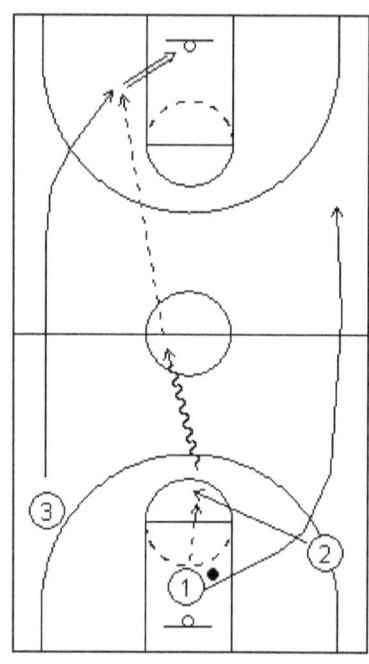

4. 三线快攻

技术解说：此练习为三人小组进攻的变化版。可以利用棒球式传球传给下一组人，是一种长传的练习。

步骤：（1）①、②、③在底线分开站好，①背后的④站到边线外待命。

（2）①传球给②后，沿着边线移动。

（3）②接到球之后传给③然后接受③的回传球，

球后运球向前推进，①则在传球后沿着边线前进。

（3）球员③在球员①抓下篮板球的同时沿着边线前进，之后接球员②的传球上篮得分。

教师讲解：最后的投篮动作除了骑马射箭式上篮之外，也可以使用其他方式。与上个练习一样，本练习因为也需要全场奔跑，所以可同时锻炼球员的体能，也可以当成热身运动。

进阶练习：三人小组的快攻模式种类繁多，可以根据球员的特性安排不同的进攻模式，例如抓下篮板后不运球，只用传球到前场。

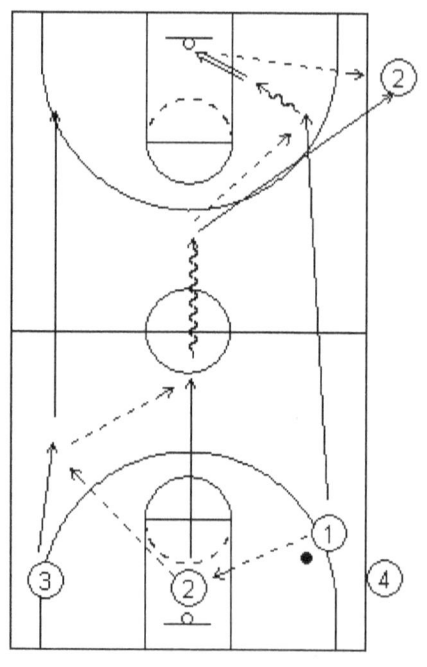

运球前进。③在那之后沿着边线移动。

（4）①接到②的传球后利用棒球式传球将球传给④。

教师讲解：练习长传也是此单元的目的之一。负责长传的球员必须做出快速正确的棒球式传球。

进阶练习：有时球员由于力量不强，也许无法把球传到太远的地方，但就算球传到指定距离前落地也无所谓，请球员一定要挑战长距离传球。

5. 两人直线快攻（一）

技术解说：将球传给已方篮筐附近开始沿着边线走的队友，接到球的球员直接运球投篮。此战术虽然简单，却是许多快攻战术的基础。

步骤：（1）两人一组。从①把球打向篮板开始，②沿着边线开始跑。

（2）①在接住打板落下的球后，传球给已经起跑的②。之后模拟比赛状况，跟着②往进攻的篮筐前进。

（3）②在接球后运球前进，之后顺势投篮。

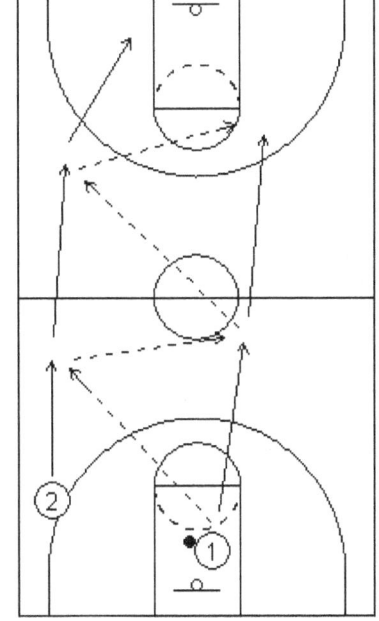

教师讲解：假想现在是正式比赛，尽可能快速强劲地传球给沿着边线走的球员。如果两翼球员能顺利甩开防守者的话，投篮的成功率将大大提升。

进阶练习：刚开始的时候可以用上篮等命中率较高的方式练习，等习惯了这种进攻方式后，试着在离篮筐稍远的距离跳投攻击。

6. 两人直线快攻（二）

技术解说：与上个练习相同，主要目的在于如何快速将球推进。在己方的篮筐附近传球之后与队友在移动中交汇，之后沿着边线走并接

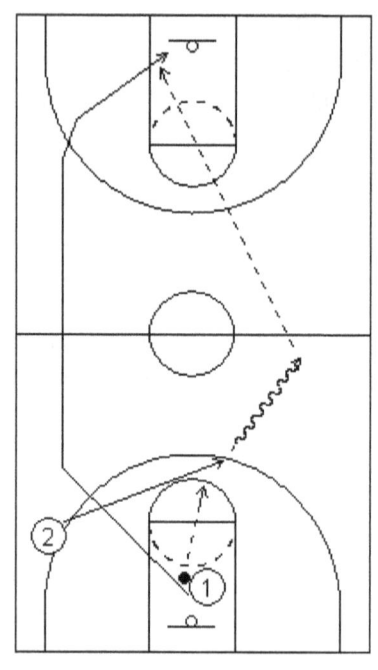

球投篮。

步骤：（1）两人一组。①先将球打向篮板使之反弹，在抓下篮板球后迅速传球给②，然后沿着边线走。

（2）②往球场中央运球前进，然后直接朝篮筐方向移动，伺机传球给①。

（3）①接球后直接投篮。

教师讲解：此战术的重点在于运球者必须掌握好节奏，养成随时将头抬起的习惯以判断场上的形势，并观察对方的防守。

进阶练习：快攻时己方人数多于对方人数，基本上应该在靠近篮下的位置投篮。不过太拘泥于这样的想法，有时会让防守方产生对应的空间。因此，运球的球员也可以考虑直接投篮等其他选择，以增加战术的变化。

7. 团队进攻的基本阵型

技术解说：所谓团队进攻，指的是和队友一起合作，通过全队的力量来得分的一种进攻体系。1对1的单打在进攻上固然重要，但有时在对方的团队防守之下，不见得每位球员都能打破球队进攻的僵局，此时需要的就是团队进攻。要组织团队进攻，最重要的是空间概念。想赢得比赛，首先在练习时就要懂得如何制造空当或是如何使用空当来开展攻击。这种阵型是在外侧安排四位球员，包括球场中央的两个后卫以及两翼处的两个球员，再加上

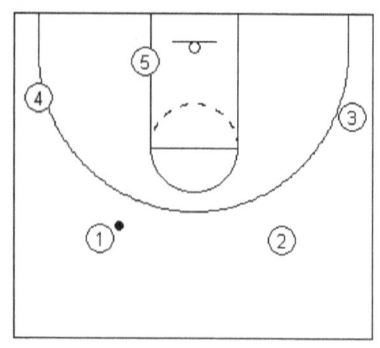

一位内线球员。另外，可以将两人安排到内线，形成3对2的阵型。如果队中球员都偏矮小的话，则可以使用全部的球员都在外线的五人阵型。教师可根据球员的特性及体型等，决定该使用何种阵型。

团队进攻的基本阵型组成包括内线球员、两翼球员、后卫。内线球员基本上为球队中身高最高的球员。因为离篮筐最近，所以只要有机会，就要积极出手。两翼球员经常游走于篮筐45度角的3分线附近。后卫经常游走于可看清场上局势的3分线附近。

团队进攻的组织要靠将球传到外线，持球往篮下切入或将球交到内线球员手上来展开攻势。

"空间"的概念在进攻时是十分重要的。球员可以以下列的关键字为基础，进攻的时候谨记在心：位置——找好与队友之间的距离后，取得适当的站位位置。视野——在进攻时要随时注意球队整体的运作。球的传导——不可持球过久，要有效地使用传球。传球和切入——把球传出去后，要准确地判断下一步该往何处移动。摆脱——空手时也要以快速的脚步移动摆脱防守球员的盯防。空当——随时注意将自己离开的空间让给队员利用。转换方向——不可一直在同一侧传导球，可从另一侧展开攻击。攻击——利用传球转移防守方的注意力，再运用投篮或切入突破对方的防守网。团队意识——进攻时以谁为主，或是全体队员都应该平均碰到球等，这些应该在攻击前就要有共识。

为了让球员有空间的概念，建议使用比实际上场人数少一人的4对4，原因在于有四个人的话，每个人的空间就会变大，更能帮助球员领会空间的概念。每位球员在练习时，一定要记得随时利用球场的空间。

8. 传球与掩护

技术解说：传球后为了替队友制造空当而做出掩护动作。

步骤：（1）四人一组，在3分线外侧排开站好。

（2）①将球传给②后，为了替队友做掩护而朝④移动。②接到传球后再将球传给③，之后

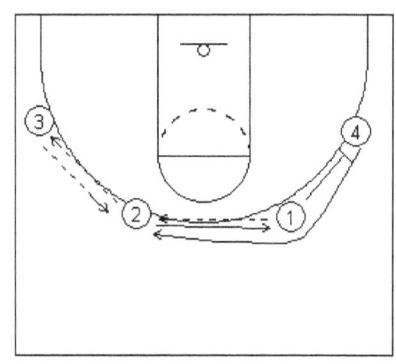

朝①的方向移动。

（3）④利用掩护，朝②的方向移动，之后接受③的传球。

（4）每进行一次练习就更改一次位置，让所有球员轮流在不同的位置练习。

教师讲解：传球后立刻帮队友作掩护相当重要。通过这样的动作，球的传导也会更加流畅。

9. 五人传球和掩护

技术解说：加入内线球员，让球员体会更接近实战的掩护练习。

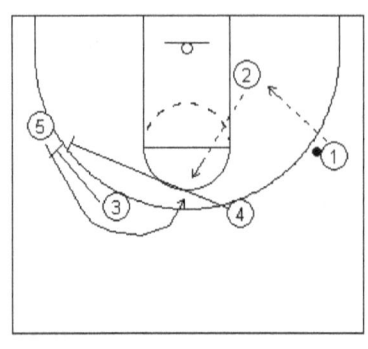

步骤：（1）五人一组。

（2）①传球给②，同时，另一侧的球员开始进行掩护战术。③和④设下掩护，⑤则利用此掩护移动。

（3）⑤在移动后接②的传球。

（4）每进行一次练习就更改一次位置，让所有球员轮流在不同的位置练习。

教师讲解：在进行五个人的移动练习时，一开始不要有防守者，只求能跑出正确的位置即可。每个人是否都能执行既定的跑位将是影响团队进攻成败的关键。

10. UCLA进攻战术

技术解说：利用罚球线附近的掩护，朝篮下切入。

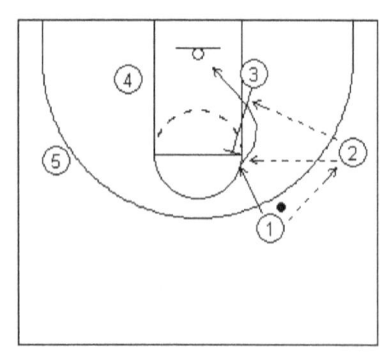

步骤：（1）五人一组。

（2）①将球传给②，同时，③往罚球线移动替队友设下掩护。

（3）①利用掩护往篮下切入。

（4）接过传球的②将球

传给①或③(②也可以接球投篮)。

(5)②若选择传给①,则由①投篮。

教师讲解:此练习的目标是为让全部的球员都熟悉如何跑位,若球员已熟悉此战术的跑位方式,接下来就可以利用低位单打或配合其他的掩护战术,自由搭配进攻方式。

(三)团队防守

比赛中,被对方在靠近篮筐的地方得分是很致命的,因此需要靠全队的防守来阻止这样的情况发生。防守时请随时注意保持适当的距离。每位防守队员都要站在可以抄球,且不会被对方绕到身后形成走后门的防守位置。每位防守队员都要摆出防守的基本姿势,并随时注意自己负责盯防的球员以及球的动向。队中的五位球员齐心协力,共同封阻对手攻势的防守称之为团队防守。

相对于以1对1基本的人盯人防守,团队防守不会因为对方改变攻击方式就打乱阵型。而以每位球员负责的区域为基本的防守区域称之为区域防守。

要让球员具备基本的防守概念,首先得让他们理解如何做好1对1的人盯人防守。只要球员能做好人盯人防守,执行区域防守时就不会有太大问题。

虽说有五个人共同防守,但如果球员无法盯住自己负责的对象,整个团队防守就无法顺利运作。所以团队防守的第一步,就是场上的五个人都做好防守的基本动作,特别是当自己盯防的对手已占据可以接球的位置时,球员必须举起手以封阻对方的传球路线,让持球者无法轻易将球传到要球者手上。

此外,若自己盯防的球员手上没有球,那么防守者必须站在能够抄球且不会被对方走后门的位置。而万一自己盯防的球员已经持球,则必须趋近对方以缩短彼此的距离,来阻碍对方投篮、传球、运球等动作。当自己防守的对象离球有一段距离时,请采取球、我及对手成三角的站位方式。

人盯人防守并不是只要盯住自己负责的对象就可以了,特别是自己盯防的对象离球还有一段距离的时候,也要站在适当的位置,协防并封阻持球者切入篮下、上篮得分或传球的动作。

为了不让自己的人盯人防守出现漏洞,必须遵守几项原则:全部球

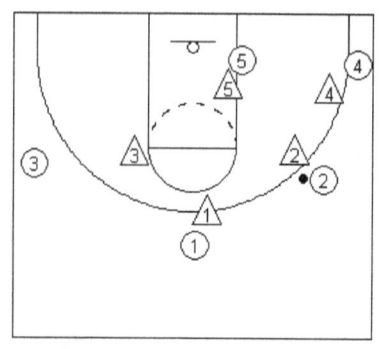

员在掌握球位置的同时也要紧盯着自己的防守对象；当球移动时，每个防守球员必须跟着移动自己的位置，来应对进攻者的下一个动作；一定要有人随时盯住持球者。当持球者将球传出，马上移动至有球边，可以让球不再回传给自己防守的进攻者。当持球者切入时，也可以轻松做出协防动作；将手臂张开做出阻拦传球路线的动作，让持球者无法将球传给附近的球员；进攻者距离持球者就在一次传球可到的距离内，因此为了防止对方回传，应采取二线阻绝的防守方式。此时对方若传球，甚至可达到抄截的效果。若持球者切入，则可轻松做出协防动作，防止对方切入；当进行无球侧的防守时，必须稍稍离开自己盯防的球员，朝有球侧靠近，最好是跟自己盯防的球员以及持球者形成近似三角形的位置关系。但是如果太靠近篮下的话，就无法趋近有球侧及自己盯防的球员，这点必须特别注意。

1. 协防还原

技术解说：每位防守者要与进攻者保持适当的空间，当持球者运球切入时，最靠近他的另一名防守者要移动过来协防。若切入者因此打消切入的念头，则协防者要立刻回到原来的位置。

步骤：（1）进行4对4的攻防练习，各个防守者与进攻者保持适当的距离。

（2）持球者运球切入篮下。此时除了盯防持球者的球员之外，距离最近的其他防守者必须加入阻挡

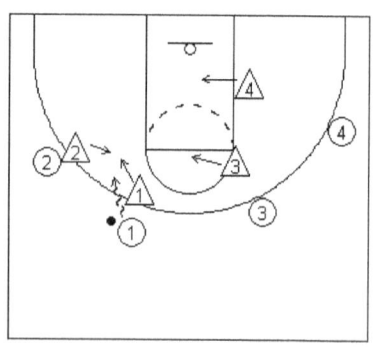

其切入的行列。而其他防守者也必须朝球的方向移动，以防两位队友被甩开时可进行补防。

(3）若持球者放弃切入，则所有防守者须回到原来的位置。

(4）请在一定的时间内重复此练习。

教师讲解：两人齐心协力阻止对手运球切入是学会团队防守的第一步。防守时，要小心别让进攻者从两人的缝隙处运球穿过。

2. 包夹补防

技术解说：此为进攻方自两翼附近往底线切入时的对应防守战略。

步骤：（1）进行4对4的攻防练习，各个防守者与进攻者保持适当的距离。

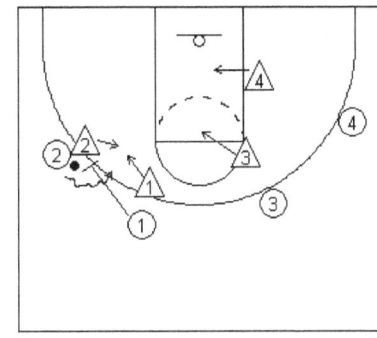

（2）持球者要运球往底线移动寻找投篮机会。除了盯防持球者的球员之外，靠近底线位置的其他防守者必须过来阻止持球者运球。

（3）请在一定的时间内重复此练习。

教师讲解：记住了跑位的流程之后，接下来可以让球员自行攻守。

3. 阻断空手切入路径的防守方式（一）

技术解说：利用身体的冲撞，阻断空手进攻者的行进路线，以防止其空手切入或为其队友掩护、争抢篮板球等动作。

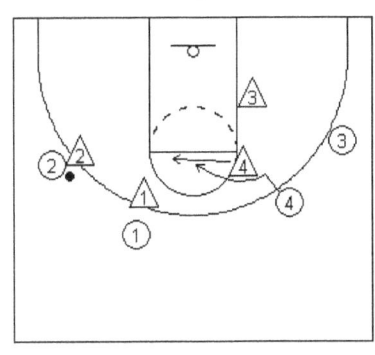

步骤：（1）进行4对4的攻防练习，进攻方一面控球，一面让其中一名空手的球员由有球侧往篮下切入。

（2）负责盯防该球员的防守者抢先一步进入该名球员的切入路径，防止其切入。

（3）请在一定的时间内重复此练习。

教师讲解：在正式比赛中，就算是非持球的进攻球员也会往篮下移动，企图寻找接球得分的机会。为了防止这样的情形发生，负责盯防该名进攻者的防守者可抢先一步挡住对方的切入路径，让对方无法得逞。

4. 反向切入的防守

技术解说：学会掌握弱侧向强侧行进球员之间的距离。理想距离是伸手用手指能触及对方的范围内。

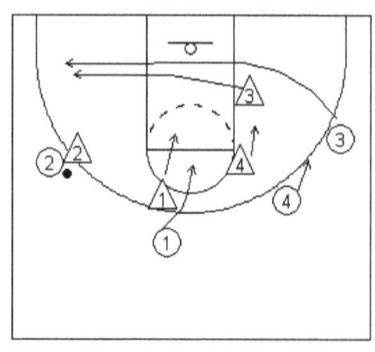

步骤：（1）进行4对4的攻防练习，持球者在传球后反向切入。
（2）负责盯防的防守者须移动到适当位置，以防止接球者接到球后运球突破，或传给盯防对象。

教师讲解：在正式比赛中，就算是非持球的进攻球员也会往篮下移动，企图寻找接球得分的机会。为了防止这样的情形发生，负责盯防该名进攻者的防守者可抢先一步挡住对方的切入路径，让对方无法得逞。

建议：想要同时兼顾自己的盯防对象和球的动向，可采取将两手张开，做手枪射击的姿势。只要养成这样的防守姿势，相信对拓展自己的视野是大有帮助的。

5. 阻断空手切入路径的防守方式（二）

技术解说：此为应对进攻方掩护的第一步，让球员学会如何在离球较远的位置，跟上掩护后的进攻者。

步骤：（1）进行4对4的攻防练习，进攻方当中的非持球者替队友设掩护，让队友有空当接球。
（2）负责防守被掩护者的球员紧紧跟住被掩护者，使之无法顺利接受掩护。
（3）请在一定的时间内重复此练习。

教师讲解：要跟上利用掩护的被掩护者，移动时不可对掩护者肢体冲撞，因此防守球员要抬起头，除了自己的盯防对象外，也要顺势观察其他进攻者的动向。

注意：尽管设掩护的球员就站在眼前，但如果直接冲撞上去，很容易跟丢自己盯防的对象。所以防守时请仔细观察场上的情形，尽量别让自己被设掩护的球员干扰。

6. 面对持球掩护的不换防防守

技术解说：学会如何绕过掩护者，持续跟住被掩护者。

步骤：（1）进行4对4的攻防练习，进攻方的其中一人替持球者设掩护以挡住防守者。

（2）防守者紧跟被掩护者，使之无法顺利接受掩护。

（3）请在一定的时间内重复此练习。

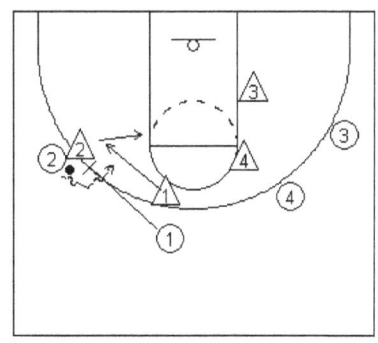

教师讲解：当持球者利用队友设下的掩护时，防守者要一边绕过掩护者，一边继续跟上自己盯防的球员。这样的动作称之为不换防。因为只要在防守上稍微松懈，就有可能导致对方进攻得分，所以盯防掩护者的防守球员也必须一起协防。

进阶练习：想要不被进攻方的掩护绊住，除了不换防之外，还有往掩护者背后通过，继续跟上被掩护者的穿出防守，以及与盯防掩护者的队友交换盯防对象的换防防守。无论使用哪一种，都必须喊出声音与队友沟通后进行。

7. 协防后还原防守

技术解说：负责盯防掩护者的球员对被掩护者做出恫吓性的防守，借此延迟被掩护者的动作，甚至形成收球动作。在那之后，再做出还原（回去防守原来盯防的球员）的动作。这种防守方式被称为协防后还原防守，本练习就是要让球员学会这种协防后还原防守的战术。

步骤：（1）进行4对4的攻防练习，进攻方一面控球，一面让其中一名空手的球员由有球侧往篮下切入。

（2）紧跟着掩护者的球员此时对被掩护者做出恫吓动作，假装要协防。

（3）当被掩护者停止运球的瞬间，球员立刻回去防守原来盯防的对象。负责追击运球球员的人要一直紧跟着运球者不放。

（4）请在一定的时间内重复此练习。

教师讲解：遭遇运球掩护时，可采取协防后还原防守的方式，也可以直接交换防守对象。但这样一来可能会发生身高相差悬殊的球员错位防守的现象，所以基本上还是以不换防为主。

三、体能

（一）基础体能练习

1. 大腿内侧伸展

技术解说：提高大腿内侧的柔软度，预防运动伤害。

步骤：（1）仰躺在地板上。

（2）一边用双手扶住大腿内侧，一边将脚垂直抬起。

（3）维持这样的姿势（在地板上仰躺，单脚垂直向上）。

教师讲解：此练习的目的是让大腿肌肉做适当的延展。如果有特别想锻炼的肌肉群，也可以针对该部分做比较仔细的伸展运动。进行此运动时请注意，没有抬起的那只脚千万不可离开地面。

2. 爆发性跨步跳

技术解说：拉开髋关节，增加其活动时的灵活性，并加强下半身的肌力及爆发力。

步骤：（1）如图所示，双手大幅摆动，然后单脚高高抬起，举右手时，抬左脚。

（2）用另一只脚做同样的动作，并重复此动作跳跃前进（尽可能地跳高）。

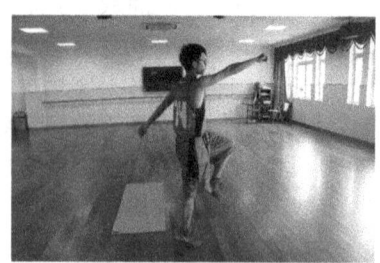

教师讲解：这个练习可以帮助扩大跳步的距离，达到增强弹跳力的目的。除了前进之外，也可以试着用跳步做后退的动作。

3. 前踢

技术解说：伸展大腿内侧，扩展髋关节前后的可动范围。

步骤：（1）如图所示，膝盖伸直，单脚向前高高抬起，用另一侧的手触碰该脚。

（2）接着换脚做此动作。请一边重复此动作一边前进。

教师讲解：注意膝盖不要弯曲，同时尽可能将脚抬高。但记住不要过于勉强，在自己做得到的范围内抬脚即可。

4. "S"形跑

技术解说："S"形跑是许多篮下动作的基础，也是锻炼脚力与爆发力的关键。

步骤：（1）将三角桶等间隔（约1米）排列，排列8—10个三角桶。

（2）在不让三角桶倒下的前提下，"S"形前行。

教师讲解：如果没有三角桶也可以用矿泉水瓶或球员来代替障碍物。可以用非交叉步的脚步，也可以用交叉步来进行。

5. 四角敏捷性跑

技术解说：提升各种脚步（特别是防守时的移位脚步）。

步骤：（1）练习者从底线出发，如图所示，先向右前方冲刺。

（2）接着在罚球线上朝左做滑步移动。

（3）接着往右后方侧跑。
（4）碰到底线后往左前方冲刺，接着再往右方做滑步移动，最后往左后方侧跑。
（5）在 20—22 秒之间重复两次。

教师讲解：此为综合多脚步而成的练习。进行时请假想自己是个防守者，让身体保持在正面的状态。

6. 抬臀运动

技术解说：加强大腿内侧肌力，以提升奔跑能力和弹跳能力。

步骤：（1）仰躺后将双手向上伸直做支撑，之后弯曲双脚，并抬起膝盖。
（2）如图所示，将臀部抬起。

教师讲解：此为强化臀部与大腿内侧肌肉的训练项目，将臀部向上抬起，肩部到膝盖要呈一直线的状态。

7. 核心肌群训练

技术解说：此为强化体干的训练，目的在于稳定投篮的姿势，增强与对手肢体碰撞的对抗能力。

步骤：（1）如图所示，趴下后用双手手肘撑住地面。
（2）撑起身体，并让肩部、腰部以及双脚的位置呈一条直线，之后一直维持此姿势。

教师讲解：所谓的体干，指的是肩关节以下、髋关节以上，包括骨盆的区域，其中包括腹肌及背肌等肌肉群。

8. 核心肌群训练（侧身）

技术解说：此为强化体干的训练，目的在于稳定投篮的姿势，增强

与对手肢体碰撞的对抗能力。

步骤：(1) 如图所示，侧躺后用下方的手肘撑住地面。

(2) 撑起身体，将另外一只手向上举高，之后一直维持此姿势。

教师讲解：撑起身体时，要让肩部、腰部以及双脚呈一条线。腹部往下沉或背肌弯曲后成"V"字形都是不正确的姿势。

9. 拱背

技术解说：趴下后挺起上半身以锻炼背肌。

步骤：(1) 如图所示，趴下后举起双手。

(2) 挺起上半身使之腾空。

教师讲解：如果使用反弹力做此动作的话，脊柱会负担过重，有可能造成脊柱损伤。所以请控制速度，不要利用反弹力。

10. 跳绳

技术解说：培养节奏感以及弹跳能力。

步骤：(1) 准备一条绳子。

(2) 在一定节奏下跳绳。

教师讲解：好的弹跳能力是成为一位优秀球员的条件之一。跳绳运动可以帮助球员达到提升弹跳能力的目的，这也是一种相当基础的体能训练。跳绳时可以尝试前后跳、左右跳等花式，增加训练的变化。

第六单元　篮球比赛的违例及罚则

违例是违反规则的行为，罚则是发生违例的队失去球权，由对方在最靠近发生违例的地点掷界外球，但直接位于篮板后面的地方除外。如果发生投篮或罚球中篮无效时，要在罚球线延长部分的界外掷界外球。

一、跳球违例

跳球队员违反以下规定即为违例：

1. 两名跳球队员的脚要站在靠近本队球篮一边的半圈内，一只脚靠近两人之间的线的中心，不准上步助跳。
2. 在球到达最高点之前，任一跳球队员都不得拍击球。
3. 任一跳球队员都不能抓住球或触及球超过两次。
4. 拍球两次后，在球未触及非跳球队员、地面、球篮或篮板前，不得再触球。
5. 在球被合法拍击前，任一跳球队员都不得离开跳球位置。
6. 跳球队员拍球前，非跳球队员不得进入跳球圈（如双方违例应重新跳球）。

罚则：将球判给对方队员在违例点最近的边线掷界外球。

二、运球违例（非法运球）

队员控制球后将球掷、拍或滚，在球触及另一队员之前再触及球为运球。每次运球中，必须使球与地面接触。队员运球后，用双手同时触及球一刹那或使球在一手或双手中停留的一刹那为运球结束。再运球的时候球可被掷向空中，只要队员用手再次触及球之前接触地面。当球不与队员的手接触时，队员可行进的步数不受限制。队员第一次运球结束后不得再次运球。队员偶然失掉球，随后在场上恢复控制活球，被认为是漏接球。

运球结束后不得再次运球，除非失去对球的控制又重新控制球，才可以再运球。

1. 连续投篮，得球后可运球。
2. 运球前漏接，球拿稳后可以运球；运球后漏接，可以拿住球但不能再运球。

3. 与对方队员抢球时用连续挑、拍试图控制球，获得球后可运球。

4. 拍击另一队员控制的球，拦截传球并获得该球。

5. 只要不发生带球走违例，将球在两手之间抛接并在球触及地面前允许在手中停留。

6. 在运球过程中，运球手翻腕使手掌心超过垂直面为携带球违例。

罚则：将球判给对方队员并在违例点最近的边线掷界外球。

三、持球移动违例

队员持球移动超出规则的限制即造成持球移动违例（带球走）。当中枢脚出现不合法移动即为持球移动违例。

（一）中枢脚的确定

1. 双脚同时落地，则任一脚都可以是中枢脚。单脚抬起的瞬间，则另一脚成为中枢脚。

2. 两脚分先后落地，则先触及地面的脚是中枢脚。

3. 一脚落地，队员可以跳起那只脚并双脚同时落地，此时两只脚都不是中枢脚。

（二）持球移动

1. 运球开始后，在球出手之前中枢脚不得抬起。

2. 队员可以抬起中枢脚进行传球或投篮，但在球离手前中枢脚不得落回地面。

3. 当哪只脚都不是中枢脚时，单脚或双脚都可以抬起进行传球或投篮，但在球离手前不可落回地面；运球开始时，在球离手前双脚都不可以抬起。

罚则：将球判给对方队员在违例点最近的边线掷界外球。

四、球回后场违例

某队在前场控制活球，该队的队员不得使球回后场。如果控制球的队员在前场接触了球而使球进入后场，该队的队员在后场又首先触及了球，即为球回后场违例。

（一）判断球回后场的三个条件

1. 某队在前场控制活球。

2. 控球队在前场最后触球后使球从前场进入后场。

3. 控制球队的队员在后场首先触球。

造成球回后场违例，这三个条件缺一不可。

（二）球回后场违例的几种情况
1. 队员骑跨中线跳起接后场同队队员的传球，落地后仍骑跨中线或双脚落在后场时。
2. 队员从后场跳起接前场同队队员的传球时。
3. 队员骑跨中线运球时。
4. 同队队员骑跨中线相互传球时。
5. 队员骑跨中线，静立或跳起接前场同队队员的传球时。
6. 队员骑跨中线或有一脚踩在中线上静立接后场同队队员的传球后，抬起在前场的脚时。

（三）不算球回后场违例的情况
1. 运球队员在中线附近由后场向前场做后转身运球，转身时即使有部分身体接触了前场地面，球却运在后场地面上，然后继续向前运球。
2. 控制球队在前场进攻投篮出手后，球碰篮圈或篮板弹回后场，该队队员在后场又获得球。
3. 每当罚球后还拥有在边线中点处掷球入界球权时，以及甲队球回后场违例时，由乙队在边线中点处骑跨中线掷球入界，球掷入后场。

罚则：判给对方队员在边线中点处掷界外球。掷界外球队员两脚分别站在中线延长部分的两侧，有权将球传给场上任何地方的队员。

五、干扰球违例

（一）攻方干扰球

不论投篮或是传球。当球完全在篮圈水平面上并正好是在限制区内下落时，进攻队员不得触及球。此限制只适用于球触及篮圈之前。当投篮或传球的球在篮圈上时，进攻队员不得触及对方球篮或篮板。

（二）守方干扰球

当球完全在篮圈水平面上开始下落后，防守队员不得触及球。此限制只适用于球触及篮圈之前，或显然不会触及篮圈之前。当投篮的球在篮圈上方时，防守队员不得触及本方球篮或篮板。当球在球篮之中时，防守队员亦不得触及球或球篮。

罚则：球成死球并判给投篮队员得2分；如在3分投篮区投篮，则判给投篮队员得3分。如同投篮成功，由防守队在端线后掷界外球继续

比赛（如果双方球队的队员同时发生违例，不判给得分，比赛应以跳球重新开始）。

六、球出界与掷界外球违例

（一）使球出界违例

当球触及界线、界线外的地面、人员、物体、篮板的支柱或背面及天花板为球出界违例（篮板的四条边和正面是合法的）。在球出界前最后触及球或被球触及的队员是使球出界的队员。

罚则：判给另一队掷界外球。如果裁判员不能判定是哪一队使球出界，则应判为争球。

（二）掷界外球违例

队员掷界外球时不得违反下列规定：

1. 在球接触另一队员前，掷界外球队员不得在场内与球接触，不得在球离手时脚踏场地，球离手前不得超过5秒钟。

2. 掷界外球队员在球离手前，不得从裁判员指定地点沿边线移动超过正常的一步。在球掷过界线前，其他队员身体的任何部分不得越过界线。

3. 掷界外球离手后，在球接触场上队员前，球触及界外（掷界外球不能将球拍、击地反弹在界外）。

4. 掷球离手后球停留在篮圈支架上或进入球篮，或者掷球越过篮板传给场上另一队员。

5. 其他队员不得在球已掷过界线前，将身体的任何部位越过界线。

罚则：将球判给对方队员在原掷界外球地点的边线掷界外球。

七、踢球与拳击球违例

篮球是用手进行的运动项目，凡是用拳击球或故意用膝、膝以下的任何部位去击球或阻拦球均属违例。但比赛中脚或腿偶然地接触球不算违例。

罚则：将球判给对方队员在违例地点最近的边线掷界外球。

八、时间规则的违例

（一）3秒违例

当某队在场上控制活球并且比赛计时钟正在运行时，该队的队员不得在对方队的限制区内持续停留超过3秒钟。队员在下列情况中应被免许：

1. 他试图离开限制区。
2. 他在限制区内，当他或他的同队队员正在做投篮动作并且球正离开或恰已离开投篮队员的手时。
3. 他在限制区内已接近 3 秒钟时运球投篮。
4. 为证实队员自身位于限制区外，他必须将双脚置于限制区外的地面上（限制区的各线都属于限制区的一部分，队员脚踩限制区任何一线都算位于限制区内）。

（二）5 秒违例
1. 罚球队员在 5 秒内未把球投出。
2. 掷界外球队员未在 5 秒内把球掷入场内。
3. 持球队员被严密防守时 5 秒内未能处理球（传、投或运球）。

（三）8 秒违例
一个队从后场控制球开始必须在 8 秒内使球进入前场，否则就算违例。当球触及前场或触及有部分身体接触前场的队员或裁判员时应视作球进入该队的前场。

（四）24 秒违例
每当一名队员在场上获得控制一个活球时，他的队应在 24 秒钟内尝试投篮。一次投篮的构成必须遵守下列条件：
1. 在 24 秒钟装置的信号发出前，球必须离开投篮队员的手。
2. 万一控球队在 24 秒钟内未能投篮，这应由 24 秒钟装置的信号声响来指明。
3. 当一次投篮尝试临近 24 秒钟周期结束时，在球离开投篮队员的手后，球在空中时 24 秒钟信号响了，并且球进入球篮，应计投中得分。
4. 如果 24 秒钟装置错误复位，裁判员在发现时只要不把任一队置于不利境地可立即停止比赛。24 秒钟装置上的时间应被纠正并把球权退还给先前已控制球的队。
5. 如果 24 秒钟装置误响，裁判员应立即停止比赛并将球权和一个新的 24 秒钟周期判给在 24 秒钟装置响时先前已控制球的队。
6. 关系到得分和对球干扰的所有限制应慎用。
7. 如果 24 秒钟装置误响时没有球队控制球，比赛应以跳球重新开始。

罚则：将球判给对方掷界外球。

九、罚球违例

罚球队员要在罚球线后半圈内就位,可用任何方式投篮,在此举中,球不触地面、从上方进入球篮或球触及篮圈。违反下列规定即为罚球违例:

1. 使球投中篮或触及篮圈(没有触及违例)。
2. 每次罚球,当已交给罚球队员可以处理球后不得超过5秒。
3. 罚球队员在球触及篮圈前,不得触及罚球线或限制区的地面。
4. 不得做假动作罚球。

罚球队员违例时中篮无效。将球判给对方队员在正对罚球线延长线外的边线掷界外球(除非还要执行后续的罚球)。罚球队员违例时,任何其他队员在同时或紧接着造成的任何其他违例不究。

位置区两侧5名队员应按规定站位并遵守下列规定:

1. 不得扰乱罚球队员。
2. 罚球队员球离手后方可进入限制区。
3. 要等球触及篮圈后才能抢球。
4. 站在罚球线的延长部分和3分投篮线之后的其他队员,直到球触及篮圈才能进限制区。

罚则:

1. 如仅罚球队员违例,罚中无效,球成死球,将球判给对方队员在正对罚球线的边线掷界外球。
2. 如罚球队的队员违反第二条款,则罚球队员罚中无效,按上述罚则处理。如双方违反此款,则罚中无效,在罚球线跳球继续比赛。
3. 如罚球队的队员违反第四条款,并罚球成功,则得分有效违例不究。如罚球未成功则判对方队员在正对罚球线的边线掷界外球。如对方队员违例,罚球成功则得分有效,违例不究;如罚球未成功,则由罚球队员重罚一次。如双方违反此条款,罚球成功则得分有效,违例不究。如罚球未成功,则应在罚球线跳球继续比赛。

第七单元 篮球比赛犯规简介

犯规是违反规则的行为,包括与对方队员的过激身体接触或违反体育道德的举止。对犯规队员要进行登记，随后按规则的有关条款进行处罚。

一、处理身体接触的基本原则

在身体接触的问题上，裁判员做出决断时必须遵照下列基本原则：

1. 规则的精神和意图。
2. 避免通过对队员身体接触的处罚而打断比赛的流畅，特别是这种接触没有使有责任的队员得利，也未置对方队员于不利。

二、规则对身体接触与侵人犯规的规定

（一）判罚侵人犯规的方式

队员不准通过伸展臂、肩、髋、膝、脚或弯曲身体成不正常姿势以阻挡、拉、推、撞、绊等动作来阻碍对方行进；也不准使用任何粗野动作或猛烈的动作。

1. 阻挡：阻止对方队员行进的非法身体接触。
2. 撞人：持球或不持球的队员推动或移动到对方队员躯干上的身体接触。
3. 从背后防守：防守队员从对方队员的背后与其发生的身体接触。即使防守队员正试图去抢球，与对方队员发生身体接触也是不正当的。
4. 拉人：干扰对方队员移动自由而发生的身体接触。
5. 非法用手：发生在防守队员处于防守状态时，用手去接触对方队员阻碍其行进。
6. 推人：用身体的任何部位强行移动或试图移动已经或没有控制球的对方队员时发生的身体接触。
7. 非法掩护：试图非法拖延或阻止非控制球的对手到达希望到达的场上位置。

（二）场上队员及其活动准则

1. 垂直原则：队员合法占据场上位置后，有权拥有他所在的地面位置以及空间位置（圆柱体）。这个原则保护队员所占据的地面位置和他上面的空间，或垂直跳起时他下方的空间。一旦队员离开他的垂直空间位置（圆柱体）斜向起跳与已经确立了垂直空间位置（圆柱体）的对方队员发生身体接触，则离开了垂直空间位置（圆柱体）的队员要对此接触负责。防守队员将手臂放在进攻队员上方，阻止他垂直起跳和投篮，发生接触，尽管守方队员似乎未动，也应由其负责。

进攻队员无论是在地面还是腾起在空中,都不得与防守队员发生接触,或用他的手臂来扩展自己的额外空间。

2. 合法防守位置:防守队员面对对手,双脚以正常的跨立姿势着地,两脚之间的距离比肩略宽就是采取了合法的防守位置。

3. 持球的队员:持球队员必须预料到对方的防守,当对手在他前面占据了(甚至是在一瞬间占据了)合法防守位置时,他必须立即停步或改变方向,否则发生接触应由持球队员负责。持球队员过人时,头和肩部已越过对手而后发生接触,应由防守队员负责。如防守队员已占据合法的防守位置并保持静止、侧移、后撤或垂直起跳,然后发生躯干部位的身体接触,则是持球队员造成犯规。

4. 腾空的队员:从场上某处跳起在空中的队员有权不受对方妨碍再落回原地点,也有权落在场上另外地点,只要在起跳时该地点尚未被对手占据和从起跳点至落地点之间的直线通道尚未被对手占据。移至一个腾空的队员身下并发生接触是违反体育道德的犯规,造成恶劣后果可能是取消比赛资格。从腾空的队员身下钻过,即使没有接触也应予以警告或判技术犯规。如果队员已跳起并落地时,由于冲力使他碰撞了附近已占据合法防守位置的对方队员,则该跳起队员对接触负责,可判他犯规。

5. 不持球的队员:不持球的队员有权在场上自由移动并占据任何未被其他人占据的位置。在抢占位置时,双方都必须考虑时间和距离的因素,不论防守队员或进攻队员中的不持球队员都不能离对手太近,不能占据一个非常靠近正在移动中的对手的位置。不能过快地插入移动中的对手的路径,使对手没有足够的时间或距离停步或改变方向。一旦防守队员已占据合法防守位置,他可横移、侧移或后撤,以使自己保持在对手的路径上。但不得伸展臂、肩、臀或腿来阻止从他身旁路径通过的对手前进。如发生身体接触,他对此负责。

6. 掩护(合法的和非法的):掩护发生在队员试图延误或阻止非控球的对手到达希望到达的场上位置时。合法的掩护是当发生接触时,掩护者是静立不动(静立在他的圆柱体内)的,两脚着地并且要有距离,距离的大小由被掩护者的视野状态来决定。如果掩护建立在静立的对手的视野之内(前面或侧面),则该队员可以按自己的愿望,只要在不发生接触的情况下尽量靠近对手。如果掩护建立在静立的对手视野之外，掩护者必须允许对手向他迈出正常的一步而不发生接触，对被掩护者在移动中没有考虑时间和距离的因素并与对手发生接触是非法掩护。

7. 阻挡：做掩护的队员在移动中与静立的或后退的对方队员发生接触，则构成了阻挡犯规；队员不顾球，面对着对方队员并随着对方队员的移动而移动，除非涉及其他因素，该队员应对随后发生的任何接触负主要责任；队员在场上占据位置时伸展臂或肘是合法的，但是当对方队员试图从他身边通过时必须放下（在圆柱体内）。如果队员不能将臂或肘放下，发生接触就是阻挡或拉人犯规。

8. 用手触及对方队员：用单手或双手触及对方队员本身未必是犯规。然而，如果接触在任何方面限制了对方队员的移动自由或获得了利益，这样的接触是犯规。当对手位于某队员的视野之外时，为了辨别对手的位置，偶尔的触及是允许的，如果在视野之内，就没有理由用手去触及。

用前臂或手放置在持球或不持球的对方队员身上并保持与他的接触或用伸展前臂来阻止对方队员获得球，这样的接触是犯规。为了抢球，只是附带地接触对方持球的手不算犯规。

9. 居中策应：居中策应的进攻队员和防守他的队员都必须尊重彼此的垂直权利（圆柱体）。双方队员不得非法地使用臂、膝或身体的其他部位干扰对方活动的自由。

（三）发生侵人犯规后的处理

队员发生侵人犯规后均应进行登记并罚则：

1. 如被侵犯的队员未做投篮动作，应由被侵犯队在犯规地点最近的边线掷界外球。

2. 如被侵犯的队员在做投篮动作，则投中得分有效，再判罚一次罚球；如2分投篮未成功，判给两次罚球；如3分投篮未成功，判给三次罚球。

3. 如果每半场球队累计犯规已达七次，此后发生的队员犯规均判给被侵犯的队员两次罚球（控制球队犯规除外）。在每节中，某队犯规累计达四次，此后发生的队员犯规均判给被侵犯的队员两次罚球（控制球队犯规除外）。

三、其他犯规及其罚则

（一）球员的技术犯规及其罚则

1. 没有礼貌地与裁判员、技术代表、记录台人员或对方队员交涉

或触及他们。

2. 很可能冒犯或煽动观众的语言和举止。
3. 戏弄对方队员或在他的眼睛附近举手,妨碍其视觉。
4. 不迅速执行掷球入界以延误比赛。
5. 宣判犯规后,在裁判员要求他举手后没有举起他的手。
6. 没有报告记录员和裁判员的情况下改变球衣号码。
7. 由于任何未经批准的原因离开场地。
8. 悬吊在篮圈上,使篮圈支撑队员整个人的重量。

罚则:

1. 应给该队员登记一次技术犯规。
2. 应判给对方队一次罚球,以及随后在中场的球权。

(二)教练员、助理教练员、替补队员或随队人员的技术犯规

1. 教练员、助理教练员、替补队员或随队人员不得无礼貌地与裁判员、技术代表、记录台人员或对方队员讲话或接触。

2. 教练员、助理教练员、替补队员或随队人员被允许留在球队席区域内,一般情况下他们必须留在那里,下列情况例外:在得到裁判员的许可之后,一名教练员、助理教练员、替补队员或随队人员可以进入赛场去照料受伤的队员。如果根据医生的判断,受伤队员处于危险中并立即需要照料,他可以不经裁判员的许可就进入球场。替补队员可以在记录台处请求替换。教练员或助理教练员可以去登记台请求暂停。在暂停期间,一名教练员、助理教练员、替补队员或随队人员可以进入球场向他的队员讲话,但也要在他的球队席区域附近。然而,比赛期间,教练员只能留在他的球队席区域内指挥他的队员。在比赛计时钟停止时,教练员或助理教练员可以去记录台获取统计资料。这些举动须不干扰比赛的正常进行。

罚则:

1. 应给教练员登记一次技术犯规。
2. 应判给对方队两次罚球,以及随后在中场的球权。

(三)在比赛休息期间的技术犯规

在比赛休息期间(指比赛开始前 20 分钟和任意两节间的间隔、半场的间隔和任一决胜期前的间隔)可以宣判技术犯规。

罚则:

1. 若球员技术犯规，对该犯规登记并判给对方队两次罚球，且作为全队犯规之一计数。

2. 若教练员、助理教练员、替补队员或随队人员技术犯规，对该犯规登记并判给对方队两次罚球，它不作为全队犯规之一计数。

（四）违反体育道德的犯规

队员蓄意对持球或不持球的对方队员造成侵人犯规是违反体育道德的犯规。它不取决于动作的大小和激烈程度，而取决于这个接触是否是有预谋或是有企图的。

违反体育道德的犯规在贯穿整场的比赛中必须解释一致。

罚则：

1. 应给犯规队员登记一次违反体育道德的犯规。

2. 判给对方队罚球，以及随后在中场的球权。

判罚球的次数应按如下规定：

1. 如果对没有做投篮动作的队员发生犯规应判两次罚球。

2. 如果对正在做投篮动作的队员发生犯规，如果中篮应计得分并加一次罚球。

3. 如果对正在做投篮动作的队员发生犯规，并没有得分，按照试图投篮的地点，罚球两到三次。

第八单元　篮球运动的竞赛组织工作与编排

一、篮球运动的竞赛组织工作

（一）赛前的准备工作

1. 成立竞赛筹备组织

竞赛筹备组织的主要任务是讨论、决定组织方案（竞赛名称、目的、任务、竞赛的组织机构、竞赛经费预算、各阶段的工作步骤、具体实施程序等）。

2. 成立组织机构

组织机构的种类依据比赛规模的大小而有所不同，全国性篮球竞赛组织机构包括仲裁委员会、竞赛处（竞赛组、裁判组、场地器材组、技术统计组）、秘书处（宣传组、治保组）、总务处（接待组、财务组、医

务组）。

学校篮球竞赛组织机构包括宣传组（负责宣传工作和思想教育）、竞赛组（负责编排及成绩处理等）、裁判组（负责裁判学习和组织分工及裁判工作）、场地组（负责场地器材工作）。

3. 制订竞赛规程

竞赛规程是竞赛工作的依据和竞赛的指导性文件，须提前发给有关单位，内容包括竞赛名称、任务、目的、竞赛项目、日期、地点、参加单位、人数、运动员资格、报名和报到日期、竞赛办法、规则、评定名次、奖励办法、抽签日期和地点、注意事项等。

4. 制订工作计划

根据组织方案，竞赛规程和竞赛的主要工作日程计划，由各部门分别拟定具体实施计划，经组委会批准后执行。

仲裁委员会主要工作：解决竞赛中出现的重大问题。

竞赛处的主要工作：做好竞赛的编排工作并编印比赛秩序册；做好裁判组织工作；审查参赛运动员资格；安排各队赛前和休息日的训练时间和场地；检查场地、器材设备和各种表格准备情况等；召开领队、教练员会议，讨论有关问题。

秘书处的主要工作：做好比赛的宣传报道工作；安排文艺活动；成立治安小组，维持好比赛场地的秩序和安全工作。

总务处的主要工作：搞好接待、生活、住宿、交通和票务工作。成立医务小组，备好医疗用品等。

（二）竞赛期间的工作

1. 坚持政治思想教育，严格赛风赛纪，团结协作，鼓励球队赛出风格、赛出水平。

2. 组织裁判员及时总结、改进工作，加强比赛成绩的管理，提高裁判水平。

3. 做好技术统计资料的分析、归类和存档工作。

4. 经常检查比赛场地、器材、设备状况。

5. 医务人员应深入比赛场地，及时处理伤害事故。

6. 总务处应及时了解情况，改善服务措施。

7. 做好住宿及比赛场地的治安工作。

8. 经常与运动队取得联系，召开会议，及时通报和处理有关问题。

9. 需要更改比赛场次、场地、日期和时间应及时通知有关人员。

（三）竞赛的结束工作

各部门要及时做好工作总结；组织各队和裁判进行经验交流；组织好闭幕式、总结和颁奖；办理各队、裁判人员等的交通事宜。

二、篮球运动竞赛的编排方法

篮球运动竞赛工作包括竞赛的组织形式和竞赛的编排方法。组织形式有赛会式，如奥运会篮球比赛、世界篮球锦标赛、全运会篮球赛等。赛季式，如 NBA 篮球赛等。竞赛的编排方法有淘汰法、循环法和混合法三种。

（一）淘汰法

淘汰法分单淘汰和双淘汰两种。单淘汰是指在比赛中失败一次即被淘汰，获胜者继续比赛直到决出冠亚军为止。双淘汰是指在比赛中，失败一次后，仍可与另一失败一次的队进行比赛，再次失败即被淘汰，获胜队继续比赛，直到决出冠亚军为止。淘汰法一般是在比赛时间短、参加队数多、经费不足的情况下采用，能节省时间。但除了第一名以外，难以合理地确定其余各队的名次，比赛机会少，胜负有一定偶然性，目前很少采用。

（二）循环法

循环法包括单循环、双循环和分组循环。单循环是所有参赛队在比赛中均相遇一次，最后按各队在比赛中的得分多少、胜负场数来排列名次，一般是在参赛队不太多，比赛时间较长时采用；双循环是所有参赛队在比赛中均相遇两次，最后按各队在全部比赛中的得分多少、胜负场数决定名次，一般在参赛队数少、比赛时间较长时采用；分组循环是把参赛队分成若干组，分别进行单循环比赛，决出小组名次后再进行第二阶段比赛，一般在参赛队多，比赛时间有限时采用。

（三）混合法

同时采用两种方法进行的比赛称为混合法。在篮球比赛中，常把比赛分为两个阶段，前一阶段采用分组循环法，后一阶段采用淘汰法，或者相反。在决赛阶段采用淘汰法时，大多数采用"交叉赛"或"同名次赛"来决定名次。

（陈绍辉）

下篇　舞蹈类

踏 板 操

第一单元 踏板操简介

一、简介

踏板操（Step Aerobics）1968 年起源于美国，并很快风靡世界。踏板操是健美操的一种运动形式，是健美操中最早出现的一项有氧运动。踏板操运动大约在 20 世纪 90 年代传入我国，其最根本的运动原理是把体能测试中的台阶练习与健美操的步伐成为组合动作，在特定的踏板上进行练习，因而不仅被人们视为经典的健身方式之一，更是一种日益时尚的减肥方法。

2011 年有氧踏板操第一次被纳入世界大学生运动会健美操项目，标志着健美操运动进入了一个新的发展阶段。

器材

踏板一般长 80—120 厘米，宽 40—45 厘米，最低高度是 10 厘米。高度分为五个级别，每 5 厘米为一级，练习者可以根据运动水平、踏板技术、膝关节的弯曲度而调节，但初学者最好从一级学起，之后逐渐增加高度。

音乐

通常情况下有氧踏板操的音乐会选择比一般有氧操音乐速度稍慢些，鼓点较为强劲、清晰的迪斯科（一般在 118—122 拍 / 分钟）。练习过程中音乐速度较快时要注意动作不宜过大，保持身体的基本姿态。

特点

踏板操可以通过调整踏板下的垫板高度，加大手臂的幅度以及手和脚的配合练习来调节运动强度，运动负荷相对可控；有氧踏板操练习通过提高重心高度、腿和臂部发力、肌肉的控制达到保护关节和韧带的作用。另外，对关节冲击力较大的跑跳练习大大减少，安全性较好；踏板的使用给健身者提供了一个立体的、全方位的活动空间，动作变化多，娱乐性强。

二、锻炼价值

踏板操的锻炼价值在于提高锻炼者的协调性，在燃烧卡路里的同时使人体核心部位更结实。在增强骨质密度，使骨质更健康的同时增强心血管和心肺功能。值得一提的是，有氧踏板操在长时间和适量运动中消耗的能量更多，张洋在《活力四射的有氧踏板操》中指出"一节60分钟的踏板训练，可让人消耗2000—2500千焦左右的热量"（约为478—597大卡），所以塑形的效果更明显。

热量消耗表（60分钟）			
打拳	450大卡	游泳	1036大卡
骑自行车	184大卡	爬楼梯	480大卡
跳舞	300大卡	跳绳	448大卡
打网球	352大卡	慢走	255大卡
打高尔夫	186大卡	快走	555大卡
骑马	276大卡		
以上数据会因运动量的不同有所浮动，仅供参考。			

另外，踏板操练习中要保持一定的练习时间和运动负荷，练习中会感到身体疲劳和肌肉酸痛，没有较好的自我控制能力和坚毅的意志是难以坚持和奏效的。所以，踏板操的学习有利于体力培养和意志培养的统一。

知识链接

1大卡=4185.85焦耳　　1焦耳=0.000239大卡

你想知道各类食物的热量吗？减肥食物库，热量轻松查，请点击网站：http://www.boohee.com/food

第二单元 基本动作及规定套路

一、基本动作

踏板操的核心是基本动作,各种动作的变化都是在基本动作的基础上产生的和发展的。踏板操的基本动作是结合地上健身操动作而发展变化的。基本步法是体现下肢动作基本姿势的主要练习手段,待基本步法熟练后,加上上肢动作、方向和节奏变化,可以使踏板操变得生动有趣。

1. 单脚依次点板

2. 基本步

3. "V"字步

4. 正上点板正下点地

5. 侧上点板侧下点地

6. 正上点板侧下点地

7. 上板提膝

8. 后屈腿

9. 转身步

 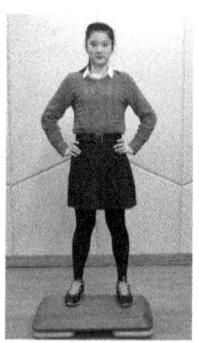  

10. 板上侧点地

11. 板上后点地

12. 上板前踢腿

13. 上板侧踢腿

14. 上板后踢腿

15. 上板双侧下骑板

 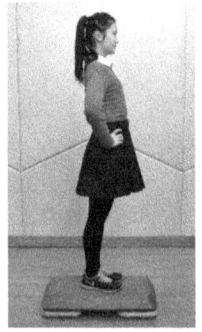  

16. 横过板

17. "I"字步

安全手册

● 运动时须穿着轻松、透气的运动服和底部较有弹性的运动鞋。

● 做好充分的热身运动。

● 踏板的放置要正确，平稳。

● 上下板时注意重心移动。

● 脚踩踏板要踩实，并且要踩在板的中心，以防踏板不稳定。

● 不要将脚跟抬离踏板，悬空很容易扭伤跟腱。

● 下板时脚尖应该先着地，随后脚跟落地，这样可以使身体得到缓冲。

● 膝部不要太"僵"，要保持弹性，这也是为了提供缓冲，防止背部扭伤。

● 保持收腹的形态，使肌肉处于正常的活跃状态。

● 保持均匀呼吸，不要屏气。

● 运动后要做好充分伸展，尤其是腿部与臀部的伸展。

● 练操时若出现因腿部疲劳导致的动作不协调，身体任何部位已有明显的疼痛或头晕、心跳过快等情况，应立即停止运动，合理休息。

二、规定套路

有氧踏板操的规定套路可通过下面两个网址进行学习：莱美 body step74 踏板操（http：//www.56.com/u28/v_NzA5OTg1OTk.html）和莱美 body step83 踏板操（http：//www.56.com/u19/v_NzA5NjEzMTE.html）。

组合	水平一	水平二
组合一	（一）基本步（2个） （二）"V"字步（2个） （三）上板点板（2个） （四）上板连续3次吸腿 （五）—（八）动作同（一）—（四），但方向相反	（一）上板分腿过板 （二）转身步（2个） （三）上板点分腿过板 （四）1—2 右脚上板同时向左转体45度，吸左腿；3—4 左脚下板同时向右转体45度，吸右腿；5—6 右脚上板，吸左腿同时向左转体45度；7—8 左、右脚依次下板，同时向右转体45度 （五）—（八）动作同（一）—（四），但方向相反
组合二	（一）1—4 漫步；5—8 上板后屈腿 （二）板上恰恰（2个） （三）上板蹲（2个） （四）上板侧摆腿（2个） （五）—（八）动作同（一）—（四），但方向相反	（一）1—4 漫步，同时向右转体90度至板侧；5—8 上板后屈腿过板，同时向右转体180度 （二）1—4 向前 板上恰恰过板；5—8 向后板上恰恰 （三）上板蹲（2个） （四）1—4 上板侧摆腿过板，同时向左转体270度；5—8 上板侧摆腿 （五）—（八）动作同（一）—（四），但方向相反
组合三	（一）1—4 上板后摆；5—8 踏步 （二）上板踢腿（2个） （三）1—4 脚尖点板；5—8 基本步 （四）上板后点地 （五）—（八）动作同（一）—（二），但方向相反	（一）1—4 上板后摆腿过板，同时向左转体180度；5—8 4次走步，同时向右转体540度绕板 （二）上板踢腿分腿 （三）点板接过板（2个） （四）上板后点地过板 （五）—（八）动作同（一）—（四），但方向相反

（续表）

组合	水平一	水平二
组合四	（一）上板3次后屈腿 （二）板下2次侧并步跳 （三）上板侧点地 （四）基本步（2个） （五）—（八）动作同（一）—（四），但方向相反	（一）1—6 右脚上板左侧，左腿后屈，同时向左转体135度；左脚上板右侧，右腿后屈，同时向左转体90度；右脚下板右侧，左腿后屈，同时向左转体135度；7—8 1/2后漫步，同时向左转体45度 （二）过横板 （三）上板侧点地 （四）过纵板 （五）—（八）动作同（一）—（四），但方向相反
组合五	（一）上板，前Baby mambo （二）下板，Baby mambo （三）1—6 上板连续2次后屈腿；7—8 踏步2次 （四）上板吸腿（2个） （五）—（八）动作同（一）—（二），但方向相反	（一）上板同时向左转体180度，前Baby mambo （二）下板同时向左转体180度，Baby mambo （三）1—4 上板连续2次后屈腿；5—8 走步4次，同时向右转体360度绕板 （四）上板吸腿分腿 （五）—（八）动作同（一）—（四），但方向相反

第三单元　创编原则及方法

以比赛为主要目的的有氧操编排受场地、规则的限制，要求编排时注意选择动作类型的变化、连接动作的流畅性、全套动作的连贯、运动员与踏板的配合、全套动作对主题的表现、动作与音乐的协调性和一致性、运动员配合的创新性和感染力等。

一、编排程序与步骤

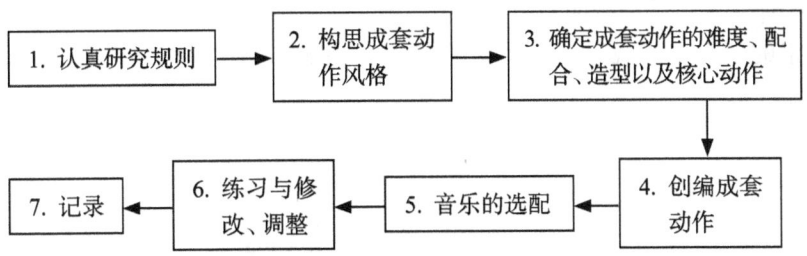

二、编排中的关键要素

（一）场地与空间的充分运用

根据复旦中学的体育教学安排，踏板操基本动作在高一学年完成，学生高二时开始学习踏板操动作的创新编排。这有利于促进学生形成对生命美的发现能力、感受能力、创新能力，使其具有良好的心理品质与积极的生活态度。

有氧踏板操项目是由运动员结合踏板器械在 10 米 × 10 米的场地内完成成套动作。运动员在比赛场上动作的转换通过队员与队员之间、队员与器械之间的位置交换和移动来实现。充分合理地运用场地的每一块区域可以使动作变化幅度增大，给人以最直观的视觉观赏性。

课堂上，教师通过大黑板向学生展示踏板操的编排要求，并把场地划分为前、后、左、右、左前、左后、右前、右后的区域，告知学生编排过程中要充分考虑场地分布的均匀性。另外，教师将 5—10 名不等的学生分成若干小组，不要求学生移动踏板，只是通过队员与队员之间、队员与器械之间的位置交换让学生体验空间的变换。之后，教师通过视频展示踏板变化给观众带来的视觉冲击力，从而引起学生学练、创编的兴趣。学习初期可以进行分层教学，鼓励基础较好的学生尝试移动踏板，但是不强制要求移动踏板的次数，通过学生的不断探讨和摸索，她们创编的内容经常让教师感到惊喜。

（二）队形变化多样

有氧踏板操中"人板合一"的移动方式才是真正意义上的队形变化。集体项目队形变化丰富多彩，队形以相对稳定形态为划分标准可分为成型队形和过渡队形两类。成型队形为运动员在场上位置相对固定，形成清晰、明确的视觉形象；过渡队形则是从目前的成型队形向另一个成型队形变化的动态过程中出现又随即移动消失的队形。过渡队形的不断转换，表现出集体项目特有的艺术感染力和观赏价值。

成型队形：

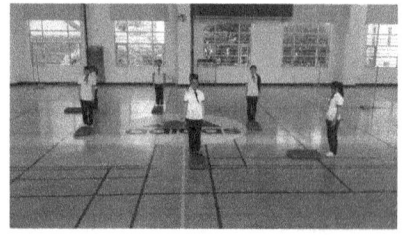

过渡队形：

（三）队形变化快速

队形变化是一种艺术，队形变化要快速流畅，队形变化前后要对比显著，变化方式出人意料。队形与队形之间相辅相成，后一队形在前一队形基础上演变和升华，变化快速、形式新颖的队形大大提高集体项目的观赏价值，给欣赏者带来强烈的视觉冲击感。

（四）动作的过渡与连接流畅

动作与动作之间的连接是否恰当，动作与动作间过渡是否流畅是我们需要欣赏的两个方面，通常见得比较多的是队员之间的 A—B，B—A，B—A—B，B—C—A—B 的空间变化类型。在有氧踏板操项目中，过渡与连接的设计在数量和质量上都有很大的发展空间，别出心裁的过渡与连接动作可以给人留下深刻的印象。

（五）踏板的合理运用

在有氧踏板操中，踏板这一健身轻器械具有明显的特殊性，动作与器械的结合是成套动作编排的核心部分。动作与器械的结合有以下几种方式：动作脱离踏板、一人一踏板、双人使用同一踏板、三人使用同一踏板。在编排中结合成套动作风格特点，适当加入器械配合能提高整套动作的水平，而且非常有效。

当然，在成套动作编排中对踏板的应用须遵循健美操健身特点，避开违背正常身体姿态的动作出现，使用具有安全性的上板方式，突出踏板器材的特性。成套动作的编排要考虑运动员与器械的完美结合，力求既展示成套动作的多样化，又能显示运动员的综合技能水平。

动作脱离踏板

一人一板

两人一板

三人一板

第四单元　踏板操的欣赏

一、欣赏形体美、运动美

（一）欣赏形体美

形体美具有时代性。如唐朝崇尚的女性形体美是额宽、脸圆、体

胖。唐人"丰肥浓丽、热烈放姿",以肥为美,世人公认。

形体美是人体所表现出的形体结构的美。形体美包括人体美和姿态美两个方面。而踏板操这个运动项目完美地将表演者的人体美(匀称的骨骼、健康的肤色、优美的线条、健美的肌肉、灵巧的肢体动作)和姿态美(热情奔放的个性品质)充分地展现出来,使欣赏者不仅在视觉上得到自然美的享受,更是在艺术上领略踏板操运动天然的美学内涵。

> **你知道吗?**
>
> 唐朝第一美人杨贵妃身材就很丰腴,传说杨贵妃身高 1.64 米,体重 138 斤。

1. 欣赏人体美

人体美是由身高、体重和人体各部分长度、宽度、围度以及各部分的比例所决定,著名的黄金分割体现在人体上就是以肚脐为分割人体的下半部与上半部的比例恰好是 8∶5。断臂维纳斯的雕塑正是因为展现了这种黄金分割而为世人所惊叹,并称其为美的象征。

在踏板操欣赏过程中,我们不仅要目测运动员的身材比例是否匀称,还要关注皮肤是否光滑柔嫩、细腻红润。男性是否肌肉发达、粗壮、结实;女性是否乳房丰满,腹部扁平,腰部纤细有力,臀部不下坠,呈明显的曲线,大腿肌肉线条柔和,双腿并拢时无屈曲感。

2. 欣赏姿态美

男子运动员在运动过程中透露出一股粗犷、刚健的力量美。而女运动员不仅要有舞蹈演员柔美的形体和动作,还要在身体形态之间贯穿着一种力度,并使之协调和多变,所以,在踏板操运动中形成阳刚和阴柔的绝妙统一。另外,优美的造型和新颖独特的动作连接在明快的音乐节奏下配合紧密,且面部表情与身体动作也相互配合。这不仅展现出这个运动项目的魅力,而且显示出每个人的文化素养,给人一种自然、协调的感觉。

当然，构成踏板操姿态美的自然属性，是人体"顺其自然"而形成的运动动作。从实质上看，自然动作来自于放松，而放松是人体运动在紧张之后有节奏的松弛，这种自然的收缩与放松的交替动作，给人以轻松感，表现出踏板操运动者气质特有的美。

> **知识链接**
>
> 女性形体美衡量指数：
> 胸围应为身高的 1/2　　　　　腰围应比胸围小 20 厘米
> 臀围应比胸围大 4 厘米　　　　大腿围应比腰围小 10 厘米
> 小腿围应比大腿围小 20 厘米　　足颈围应比小腿围小 10 厘米
> 手腕围应比足颈围小 5 厘米　　 颈围应等于小腿围
>
> 男性形体美衡量指数：
> 肩宽应等于身高的 1/4　　　　　腰围应比胸围小 15 厘米
> 胸围是身高的 1/2 加 5 厘米　　 大腿围应比腰围小 22.5 厘米
> 小腿围应比大腿围小 18 厘米　　足颈围应比小腿围小 12 厘米
> 手腕围应比足颈围小 5 厘米

（二）欣赏运动美

踏板操成套动作的演绎由完成情况和艺术表现两方面构成，欣赏者应该牢牢把握这两条主线，欣赏成套动作的运动美。

1. 力度美

力度是指动作过程中，控制力量和机体，从而提高肌肉制动能力的方法。掌握力度的运用，可以合理调配肌肉的紧张与放松，速度的快与慢，使动作体现出刚柔相济、有控制、有速度、有爆发力的力量美。力度表现在各个环节，如跑跳、踢腿、手臂的各种摆绕等动作的瞬间加速和快速急停等。踏板操的每个动作都有特定的力度来完成。力度的大小根据动作的性质和幅度的需要来决定。

2. 速度美

速度是人体在最短时间内完成动作的综合能力。快速主要体现在动作节奏和肌肉松紧程度的迅速变化上，并善于随音乐节奏和节拍的变化而快速做出相应的变化。我们在欣赏的过程中主要欣赏运动员的反应速度、动作速度、移动速度，即在单位时间内完成动作的次数和身体移动的距离等。

3. 柔韧美

柔韧是指人体各关节活动幅度大小和肌肉以及韧带的伸展能力。踏板操中的柔韧主要体现在完成大幅度动作的能力，也体现在发挥动作的表现力和塑造优美造型的能力。柔韧美寓于舒展动作之中，使人感到一种柔和、驰缓和轻松的美感，如健美操中的侧滑步、侧点地、抬腿跳跃动作。大幅度的舒展动作具有空间延伸的美感。另外，柔韧美也突出了人体柔和变化的曲线美，使人体曲线看起来更轻盈，起伏更流畅。

4. 协调美

协调是身体各部位在时间和空间上相互配合、合理有效地完成动作的能力。它是在和谐的连续动作中显示出的能力。协调美是熟练性、灵巧性、组合能力、想象力等因素的综合效应，给人以完整、贯通的美感。

5. 平衡美

身体运动中相对静止的均衡动作显示出平衡美。踏板操运动要求"人板合一"，很多情况下是在突然加速或减速中改变身体的位置和动作，此时若保持身体平衡就能凸显平衡美。

（三）欣赏艺术表现美

有氧踏板操最大的亮点是最大限度地将健美操基本步伐、上身动作与踏板有机结合，充分体现成套动作的多样性、复杂性和创新性，包括场地与空间的运用、队形变化多样、队形变化的速度、动作的过渡与连接以及运动员的感染力等，其中运动员的表现力是指运动员通过自身所具备的认知力、理解力、观察力、想象力、自信心，把动作和音

乐的内涵转化为自身内在的情感，借助身体姿态、技术动作以及面部表情等外部形态持续地表达出来，以吸引和感染观众的一种能力。它是运动员内在精神气质和外在动作表现的完美统一，通过面部表情和身体动作来抒发内在情感。表现力需要通过面部表情、肢体动作、音乐等多方面进行表现，因此它与其他各个环节均有密切联系。

你知道吗？

踏板技术也是有氧踏板操技术技巧的关键，其评判标准如下：
1. 整个脚必须放在踏板上。
2. 承受负荷的腿不能转动。
3. 膝盖弯曲不应超过 90 度。
4. 重心在脚上。
5. 在没有到达正确的队形前不能跳跃。
6. 关节不能伸展过度。

二、欣赏服饰美

俗话说"佛要金装，人要衣装"，服饰美是艺术美的一个因素，它给人以美的享受，激发运动员热情和表现欲望，舒适、美丽的服装在比赛中能使运动员表现自如。

（一）服饰色彩的搭配

心理学家发现，不同颜色的光对人的视觉中枢有不同的影响，如果服装没有搭配好，不但影响运动效果，也会使裁判心情压抑，降低观赏兴趣。

我们在欣赏服饰美的过程中应该意识到，服装的色彩美不美，关键不在一种色彩本身美不美，而在于不同色彩在服装中搭配得是否和

谐，所以要特别关注当重色与轻色、明色与暗色及强烈的对比色等进行搭配时，是否通过调整面积关系、变化位置关系等取得了视觉上的平衡。

另外，健美操的服装主色往往以一二色为主，这样容易形成一个主调，取得和谐的整体效果。"色不必多，和谐则美"，服装颜色越多，就越需要统一的要素；越是艳丽的色彩，就越需要调和的要素。踏板操服装应处理好明度、色相、纯度和面积这四者的关系。正是由于不同色彩给人不同的心理感受，诱发不同的联想，踏板操服装的丰富色彩才为人们带来了五彩缤纷的景象和美好的遐想。

实例分析：

左图所示，通过对比显示主色调的效果，起到深浅相衬的作用。"万绿丛中一点红"，明度差距大的红色和绿色往往给人热情而富有生气的感觉，但通常情况下这类色彩拼接较难控制，这有赖于对色块面积和纯度的把握。

（二）服饰对形体的修饰

美学家认为形体美是"世界万物中最协调、最均衡的一种美"，服饰作为人体之外的附加物，它对形体起到了修饰、衬托的作用。服饰不仅要适合人体，还能表现人体美，掩饰或弥补人体的缺陷。只有极少数人具有理想体形，大多数人可以通过合适的服饰弥补自己的缺点，服装的色彩、结构和线条都可以使形体的比例发生变化，强调人体的自然曲线美，转移人们对比例有缺陷部分的注意力，重新产生和谐统一的整体效果。

因此，欣赏踏板操的服饰美还要看服饰是否能够衬托人体、修饰人体、美化人体以体现出人体美的形象。

> **你知道吗？**
>
> 每个色彩都有它自己的语言，找到适合自己的色彩不仅能突出自身的优点，还可以充分表达自己的个性风格。
>
> 红：活跃、热情、勇敢、健康
> 橙：富饶、友爱、豪爽、积极
> 黄：光荣、忠诚、喜悦、光明
> 绿：自然、和平、幸福、理智
> 蓝：自信、真实、沉默、冷静
> 紫：权威、高贵、优雅、孤独
> 黑：神秘、寂寞、严肃、气势

三、欣赏音乐美

（一）踏板操音乐的特点

音乐是踏板操表演的主要元素，二者之间是唇与齿的关系，相辅相成。一首好的背景音乐能够使踏板操表演从视听两方面使欣赏者更加赏心悦目。结合踏板操的韵律必须有一种自然的魅力，即节奏强劲有力、旋律优美、富于青春活力。

（二）踏板操音乐的完整性

选配音乐，一般情况下都须经过剪接，剪接过程要尽量保持乐曲的完整性，必须段落清楚，连接合理，结构上具有跌宕起伏的变化。如果音乐结构残缺或没有高潮、没有对比，就失去了其艺术性，无法很好地烘托表演效果。

（三）音乐节奏与动作一致

无论是音乐还是动作都有强弱、张弛之分，这些要素在运动中构成了完美的整体。音乐是踏板操练习的口令，是动作的节拍。强拍和弱拍反复出现便形成了有规律的、强弱更替的、富有感情色彩的旋律。因此，踏板操的动作节奏与音乐的节拍必须相吻合才能协调一致。

实例分析：

第26届世界大运会有氧踏板操项目中，意大利队选用意大利流行

音乐,音乐高亢、节奏变化快,导致移动时间缩短,移动路线狭隘,反而弱化了操化动作,动作完成一致性较差。

（四）音乐风格与动作风格一致

成套动作都是在音乐的伴奏下完成,用肢体语言和表情来诠释和演绎着音乐所表达的情感,可以这样说,音乐风格指导着动作的风格,并为动作的风格进行引导和控制。

优美完整及独特的音乐风格是展现踏板操动作与艺术的动力,常用的音乐主要有：民族音乐、爵士乐、迪斯科、摇滚乐、轻音乐等。由此可见,踏板操动作在不同音乐风格的衬托下更具生命力,可以说为踏板操添上了一双翅膀,使踏板操扩大了表现空间。

实例分析：

第26届世界大运会有氧踏板操项目中国代表队勇夺第一。中国队选用的音乐为节奏性较强的流行音乐,音乐旋律清晰、节奏感强,音效的加入提升了音乐的力度,和声部分配合了男女队员动作对比和空间对比的操化动作提升了成套动作的观赏效果。采用了爵士风格的音乐,把爵士的舞蹈艺术与健美操的特点有机结合；第二风格采用了hip-hop舞蹈风格,大幅度动作和切分节奏的使用,使hip-hop动作更贴近踏板,更好地体现健美操的项目特色,成为全套动作的亮点。

视频链接：http://v.youku.com/v_show/id_XNDU2MzYyNDIw.html

知识链接

不同音乐风格的特点

风格	特点	推荐曲目
民族音乐	具有浓烈的地方特色和民族风格,丰富的调式色彩和音乐色彩,同时具有强烈的时代气息。音乐形象多样化,舞蹈性强,节奏鲜明、热情、刚健、明快；旋律亲切、优美抒情	《远方的客人请你留下来》《茉莉花》

(续表)

风格	特点	推荐曲目
爵士乐	旋律由连续不断的切分节奏组成,节奏变化多,音色鲜明而强烈,和声丰富,能表现喜乐氛围	《The Time (Dirty Bit)》《Don't Stop The Music》
迪斯科	在旋律上继承了爵士乐的切分节奏,更强调打击乐器的作用,节奏感强,表现出一种旺盛的精力	《Doo Be Di Boy》《疯狂迪斯科》
摇滚乐	继承了爵士乐演奏的即兴性,有快有慢,以一种节奏模式反复出现且带有摇摆的感觉,属于激情音乐。表现形式有重金属及其相对的柔摇滚、混合型的乡村摇滚、流行摇滚等	《One Night In 北京》《奔跑》
轻音乐	轻松愉快、生动活泼并又浅而易懂的音乐,不表现重大的主题思想,轻松活泼的舞曲。如电影音乐和戏剧配乐、通俗歌曲和流行歌曲、舞蹈音乐和民间曲调等	《天空的记忆》《雨的印记》

(唐 莉)

纱 巾 舞

第一单元 纱巾舞简介及锻炼意义

一、什么是纱巾舞

纱巾舞是一项艺术性较强，能充分体现女性形体特点的体育项目，是一种在音乐的伴奏下进行的，舞动纱巾的体育运动。纱巾舞以芭蕾舞的基本动作为基础，吸收了现代舞、民间舞、徒手操和杂技等一些适宜的动作，逐渐发展成为一种独具风格的运动项目。纱巾质地柔软，给人以飘逸、轻柔之感，所以具有较好的表演效果。纱巾舞成套动作练

习是以一种类型动作或多种类型动作编排组合的练习。持纱巾练习成套动作不仅可以巩固和提高不同类型动作的技术水平，还能够使练习者提高身体素质，增强体质，陶冶情操，获得柔美的形体，形成高雅的气质。通过纱巾舞的各种动作练习，不仅能培养练习者的节奏感、柔美感和韵律感，还可以增强身体的协调性。纱巾舞的基本技术动作包含手持纱巾方法和基本动作。

二、锻炼意义

纱巾舞是以自然性和韵律性为基础，以优美为特征的有节奏的运动，融体操、舞蹈、音乐为一体，能充分展现协调、韵律、柔美等艺术特点，非常符合中学生的生理和心理发展的需要，对于培养学生终身体育意识和体育锻炼习惯也有良好作用。中学的纱巾舞教学，应注重利用其基本功，加强胸部、腰部和臂部的练习，塑造形体美和气质美。掌握基本姿态，塑造姿态美。通过纱巾动作与身体动作相结合，培养协调美。同时应该注意培养学生的音乐感觉以及生理和心理素质，从而在提高中学生体形美、姿态美、动作美的同时，提高其品质和修养等内在

气质,让高雅的气质在自己的习练过程中自然而然地养成和体现。

1. 增强体质。经常锻炼能使身体各器官系统的功能增强,尤其是提高人的身体素质能力。纱巾舞可以增强肌肉韧带的柔韧性。艺术体操中身体各部位的绕环、屈伸和波浪、摆动跳跃、转体等复杂综合动作,不仅使全身各关节得到充分的活动而加大关节活动的幅度,而且使各部位的肌肉韧带的长短和弹性得到均衡的发展。纱巾舞还可以增强各种感觉器官的功能。在练习纱巾舞时,由于人体与纱巾、音乐必须协调地完成复杂多变的动作,为此在眼观四面、耳听音乐、手感觉的训练中,提高视觉、听觉、肌肉本体感觉等机能。

2. 塑造形体。美是纱巾舞最明显的特点,坚持练习,保持正确的身体姿态和动作方式,消除多余的脂肪,能有效地使练习者形成健美、匀称的形体,自然和谐的举止。平时注意保持良好的形态,久而久之使自己在不知不觉中亭亭玉立。

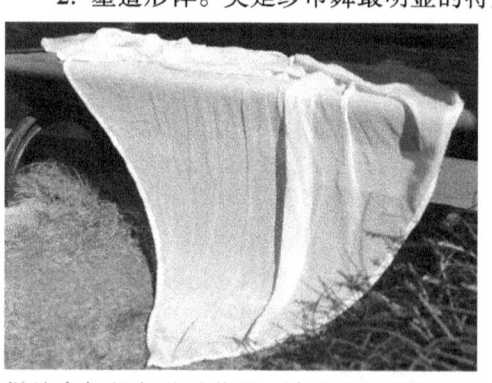

3. 纱巾舞也是发展灵敏协调的运动项目。在做纱巾舞的各种动作时,神经中枢指挥肌肉协调工作,使原动肌和对抗肌合理使用,锻炼肌肉主动放松的能力。肌肉放松做动作时,能使关节活动时所受肌肉牵制的阻力减少,阻力越小则活动的范围越大。这样

就使动作的幅度加大,灵活而不僵,轻盈协调,省力而优美。如果从小就加强这种协调的训练,则对女生的生活、工作和进行体育活动极为有利。

4. 培养气质。一个人不仅要注意形体美,还要讲究气质的美。有魅力的青春不可复得,而高贵的气质却不会因时光的流逝而衰退。纱巾舞在塑造形体美的同时,还可以培养良好的气质,提高审美意识和审美水平。

5. 娱乐身心。纱巾舞是融体操、音乐、舞蹈为一体的运动项目,它不仅能给人带来健康,还能给人们带来快乐,当你随着优美抒情的音乐进行纱巾舞练习时,那轻盈、飘逸的舒展动作让欣赏者陶醉。

6. 纱巾舞的美学效应。纱巾舞是典型的优美技能类运动项目。它的美不是简单地呈现人体的自然形态,而是通过运动赋予特殊的美的特征。纱巾舞的美就是在运动中所呈现的各种优美的身体姿势与所要表达的思想内容达到完整统一。纱巾舞综合了舞蹈的形体艺术,美术的造型艺术,音乐的音响艺术,并将这些艺术与高超的身体和器械技术交融组合成千姿百态的舞台和流动变幻的场面,给人以优美、清新、高雅、新颖等印象。纱巾舞塑造了参与者的人体美、姿态美、形体美、气质美。纱巾舞最大的特点就在于运动美,这种美是具体的,它是通过个体或群体运动形式所反映出来的。参与者通过内力并巧借外力控制各种身体和纱巾动作表现出节奏美、造型美、技术美、编排美、音乐美、人与纱巾协调美等。

第二单元　基本动作及规定套路

一、基本动作

基本动作是学习纱巾舞的基础。纱巾舞的动作柔和流畅而连贯,不仅有良好的健身性,而且还具有很强的观赏性。基本动作包括摆动、绕环与绕"∞"字和抛接等。

（一）持纱巾方法

正确持纱巾的方法是学习纱巾舞的入门基础,一般用食指、中指和拇指、无名指相对握住纱巾的边缘。可以用两手持纱巾的边,也可以用单手持纱巾的一角或边缘。根据持法的不同,持纱巾方法可以分为双手持法和单手持法等。

1. 双手持法

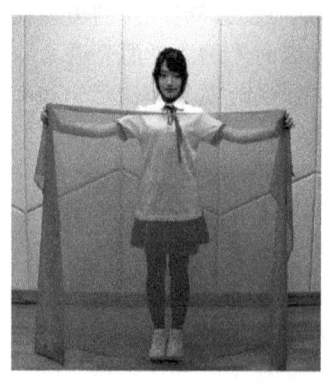

双手持法是指两手同时持纱巾的方法,它是最基本的持纱巾方法,可以用来做摆动、绕环和抛接等动作。

动作方法:

两手同时用食指、中指和无名指持纱巾的前面,用拇指持住纱巾的后面。

技术要点:持纱巾时五指分开。

错误纠正:持纱巾时易出现两手大把抓等问题。因此,应按照正确的握持方法进行练习。

2. 单手持法

单手持法是指一只手持纱巾的方法,它是学习纱巾舞的方法和基础。单手持纱巾可以做摆动、抛接等动作。

动作方法:用一只手的食指、中指和无名指持纱巾的前面,拇指握住纱巾的后面。

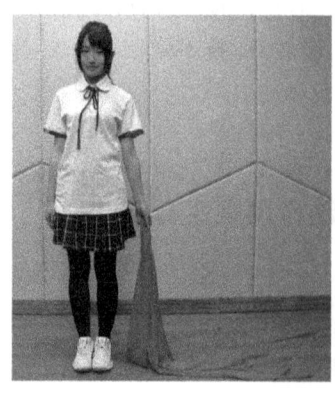 

技术要点:持纱巾时五指分开。

错误纠正:持纱巾时易出现用手大把抓等问题。因此,应按照正确的握持方法进行练习。

（二）摆动

摆动是指手臂以肩关节为轴，在不同平面上，向不同方向所做的幅度小于 360 度的钟摆式弧形运动。摆动动作在纱巾舞练习中具有重要作用，包括单手持纱巾前后摆动、双手持纱巾左右摆动、双手持纱巾上下摆动和双手持纱巾水平摆动等。

1. 单手持纱巾前后摆动

动作方法：

左脚向前一步，重心移至左腿，右脚后点地。

右手持纱巾向前摆动至前举，左臂侧举。

向后移重心呈右腿站立，左脚前点地。

右手持纱巾经下方，向后摆动至前上举，左臂经下方，向前摆动至后下举。

技术要点：

以肩关节为轴直臂摆动，起摆时略用力。

摆动至最高点时，手腕向上挑，让力量传至纱巾的远端，使纱巾飘起。

错误纠正：

练习时易出现动作不伸展，纱巾没有飘动起来等问题。因此，应慢速练习，体会动作要领。

2. 双手持纱巾左右摆动

动作方法：

两腿屈膝弹动一次，同时两手持纱巾向左摆动至左侧举。

两腿屈膝再弹动一次，同时两手持纱巾经下方向右摆动至右侧举。

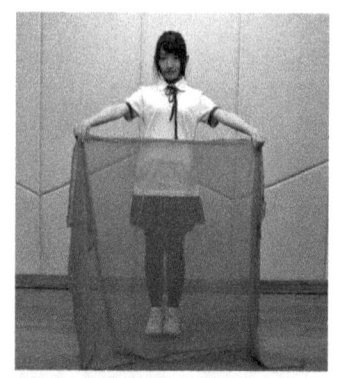

技术要点：

以肩关节为轴在体前直臂摆动，起摆时略用力。

摆动至最高点时,手腕向上挑,让力量传至纱巾的远端,使纱巾飘起。

错误纠正:

练习时易出现动作不伸展,纱巾飘动不充分,运动面不准确等问题。因此,应慢速练习,体会动作要领。

3. 双手持纱巾上下摆动

动作方法:

两腿半蹲,然后蹬地提踵站立。

两手持纱巾经前摆至前上举,抬头,挺胸,目视纱巾。

两腿半蹲,同时两臂经前摆至下举,含胸,低头。

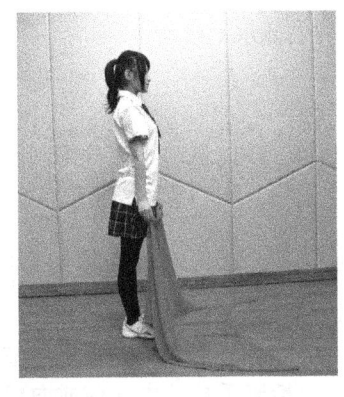

技术要点:

借助两腿蹬地力量向上摆臂。

摆臂时以肩关节为轴直臂摆动,上摆要有力度。

摆动至最高点时,手腕向上挑,让力量传至纱巾的远端。

向下摆动时减缓摆动的速度,使纱巾轻轻飘落。

错误纠正:

练习时易出现动作不伸展,纱巾飘动不充分等问题。因此,应慢速练习,体会动作要领。

4. 双手持纱巾水平摆动

动作方法:

两腿屈膝弹动一次,同时两手持纱巾经体前向左摆动至左侧举。

两腿屈膝再弹动一次,同时两手持纱巾经体前向右摆动至右侧举。

 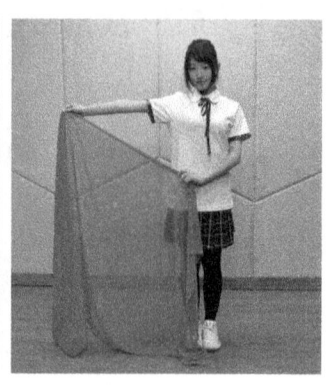

技术要点：

以肩关节为轴，直臂放松地向左、右侧水平摆动。

摆动略有起伏，速度均匀。

错误纠正：

练习时易出现动作不柔和、不伸展、纱巾飘动不充分等问题。因此，应慢速练习，体会动作要领。

（三）绕环与绕"∞"字

绕环是指手持纱巾以肩关节、肘关节为轴，使纱巾在不同部位，不同平面上，向不同方向所做的圆周运动。连续做两个方向相反的绕环为绕"∞"字。经常练习绕环和绕"∞"字可以提高练习者肘关节的灵活性。绕环与绕"∞"字的基本动作包括双手持纱巾向前或向后大绕环、双手持纱巾向左或向右大绕环、双手持纱巾向左或向右水平大绕环、双手持纱巾向左或向右水平绕"∞"字等。

1. 双手持纱巾向前或向后大绕环

动作方法：

向前大绕环，双手持纱巾经体前绕至上举，再继续向右（向左）、向后绕至下举，还原。

向后大绕环与向前大绕环动作相同，方向相反。

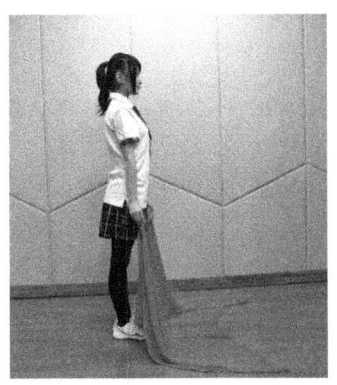

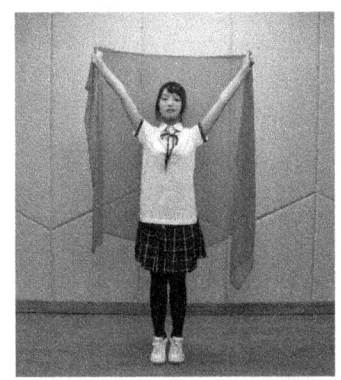

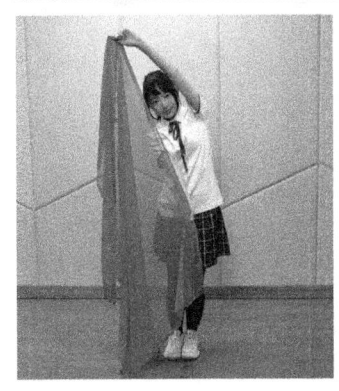
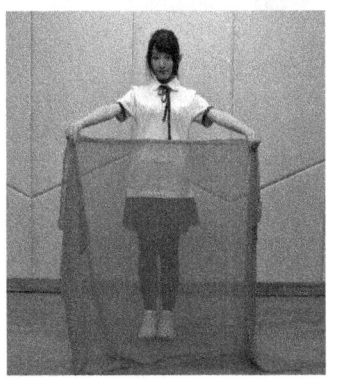

技术要点：
以肩关节为轴直臂绕环。
绕至最高点时，手腕向上挑，让力量传至纱巾的远端，使纱巾飘起。

错误纠正：

练习时易出现动作不连贯、不伸展，绕环面不准确，纱巾飘动不充分等问题。因此，应慢速练习，体会动作要领。

2. 双手持纱巾向左或向右大绕环

动作方法：

向左大绕环，两手持纱巾在体前向左绕动，经上方再向右绕环一周。

向右大绕环与向左大绕环动作相同，方向相反。

技术要点：

以肩关节为轴直臂绕环。

绕至最高点时，手腕向上挑，让力量传至纱巾的远端，使纱巾飘起。

错误纠正：

练习时易出现动作不连贯、不伸展，绕环面不准确，纱巾飘动不充分等问题。因此，应慢速练习，体会动作要领。

3. 双手持纱巾向左或向右水平大绕环

动作方法：

两手持纱巾经体前向左水平绕至身体左侧，右臂在上，左臂在下，继续水平绕至两臂上举，上体略后屈。

继续向右绕至右臂在上、左臂在下。

两臂还原至体前。

向右水平大绕环与向左水平大绕环动作相同，方向相反。

技术要点：

以肩关节为轴直臂绕环。

绕环时腰部随之旋转。

错误纠正：

练习时易出现动作不连贯、不伸展，纱巾飘动不充分等问题。因此，应慢速练习，体会动作要领。

4. 双手持纱巾向左或向右水平绕"∞"字

动作方法：

两手持纱巾向左水平大绕环至腹部，在腹前再沿逆时针方向做水平中绕环。

向右水平绕"∞"字与向左水平绕"∞"字动作相同，方向相反。

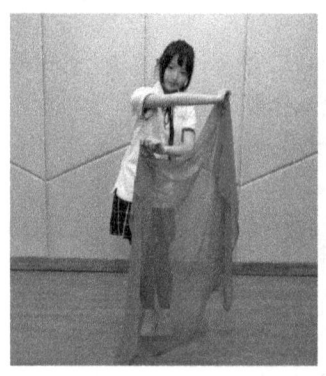 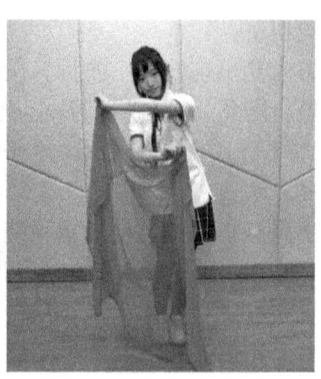

技术要点：

水平大绕环时以肩关节为轴直臂绕环，腰部随之旋转。

水平中绕环时屈臂，以肘关节为轴，两臂交错穿行。

错误纠正：

练习时易出现动作不连贯、不伸展，纱巾飘动不充分等问题。因此，应慢速练习，体会动作要领。

（四）抛接

抛接是指单手或双手持纱巾，借助向上摆动的力量，顺着纱巾扬起的方向将纱巾抛向空中，再用单手或双手接握住纱巾的动作。抛接纱巾练习不仅可以发展练习者的上肢力量，而且还能够提高上肢关节的灵活性与协调性。抛接的基本动作包括双手体前持纱巾窄边向上抛接和单手体前持纱巾窄边向侧抛接等。

1. 双手体前持纱巾窄边向上抛接

动作方法：

两腿半蹲，向上蹬起，同时两臂向上摆动抛纱巾，使纱巾在空中向后上方飘起。

当纱巾另一边飘起至上举部位时，两手接纱巾的另一端。

技术要点：

利用两腿蹬地的力量向上摆臂，摆臂时不可用力过大。

下篇 舞蹈类

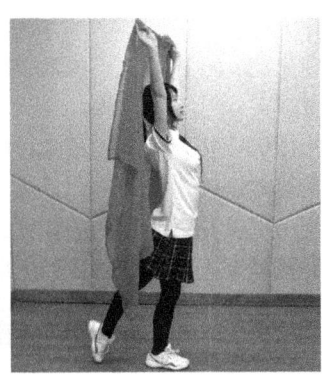

两臂摆动至上举部位时,手腕伸直,放手将纱巾向后上方抛。

错误纠正:

练习时易出现动作不伸展,抛纱巾没有力量,纱巾在空中没有飘起来等问题。因此,应徒手或持纱巾慢速练习,体会动作要领。

2. 单手体前持纱巾窄边向侧抛接

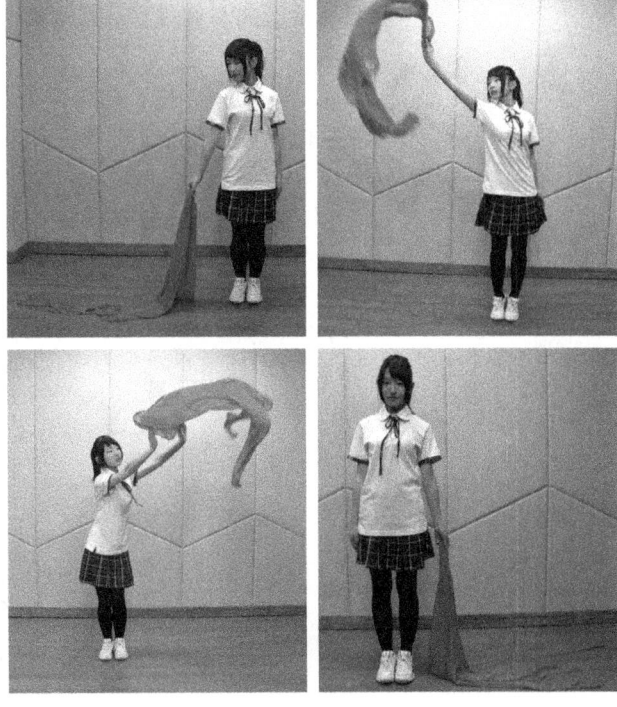

动作方法：

两腿半蹲，向上蹬起，同时右臂向上摆动抛纱巾，使纱巾在空中向右侧上方飘起。

当纱巾另一边飘起至上举部位时，两手接纱巾的另一端向下摆动。

技术要点：

利用两腿蹬地的力量向上摆臂，摆臂时不可用力过大。

两臂摆动至上举部位时，手腕伸直，放手将纱巾向左侧上方抛出。

错误纠正：

练习时易出现动作不伸展，抛纱巾没有力量，纱巾在空中没有飘起来等问题。因此，应徒手或持纱巾慢速练习，体会动作要领。

二、成套组合

入场（8×3）

准备姿势：立正，两手握纱巾两端举于头上方。

（一）1—3拍，左脚向前恰恰步，两手微微向右侧摇摆，第三拍回到准备姿势。

（二）1—3拍，右脚向前恰恰步，两手微微向左侧摇摆，第三拍回到准备姿势。

（三）1—3拍，同（一）。

（四）1—3拍，同（二）。

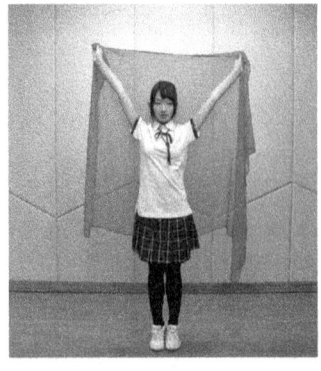

下篇 舞蹈类

 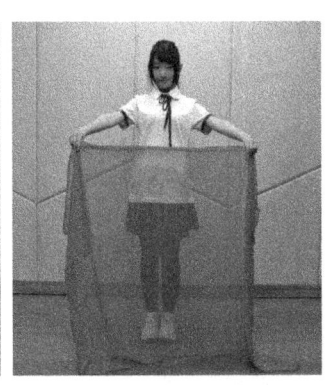

（五）1—3拍，同（一）。
（六）1—3拍，同（二）。
（七）1—3拍，同（一）。
（八）1—3拍，立正，两手握纱巾从头顶上方向前甩至体前。

第一节（8×3）
（一）1—3拍，两脚屈膝一次，左手握纱巾贴于腹部，右手握纱巾在体前绕一个"∞"字后到侧平举位。

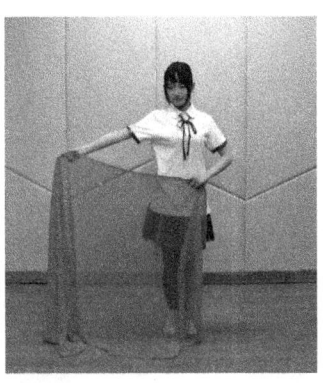

（二）1—3拍，同（一）。

（三）1—3拍，向右侧并步一次，双手维持上一个姿势不动。

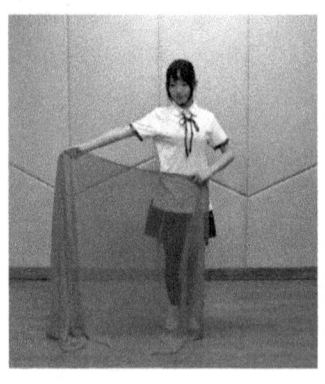

（四）1—3拍，右脚屈膝，左脚向右前方伸出点地，右手握着纱巾经体前挥摆至左肩，左手基本保持不动。

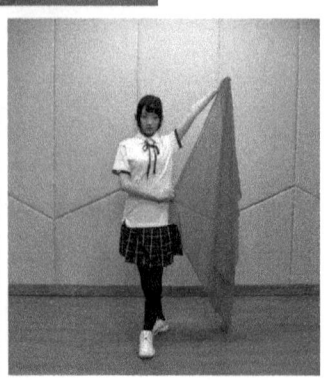

（五）1—3拍，左脚向前恰恰步，右手经体前摆至右侧上方，左手贴于腹前。

（六）1—3拍，右脚向前恰恰步，左手经体前摆至左侧上方，右手摆至腹前。

（七）1—3拍，同（五）。

（八）1—3拍，同（六）。

第二节（8×3）

动作同第一节，但方向相反。

第三节（8×3）

（一）1—3拍，右脚向右侧迈一步，双脚屈膝一次，重心移到右脚上，左脚侧点地，右手握纱巾摆至右侧上方，左手至胸前位置。

（二）1—3拍，双脚屈膝一次，重心移到左脚上，右脚侧点地，左手握纱巾摆至左侧上方，右手至胸前位置。

（三）1—3 拍，右脚收回双腿并拢做屈膝动作，两手往右侧绕一个"∞"字后，停于头顶后上方。

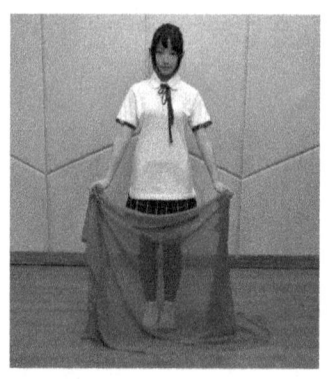
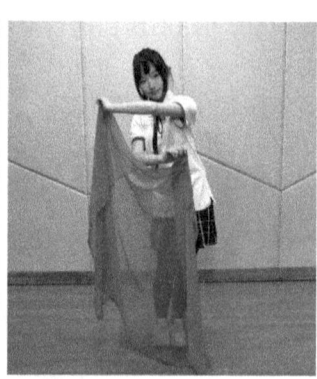

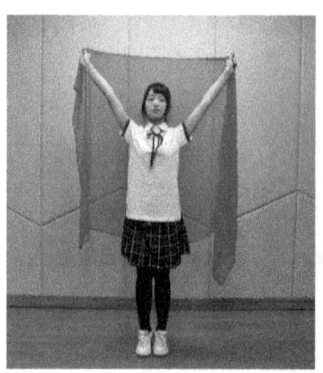

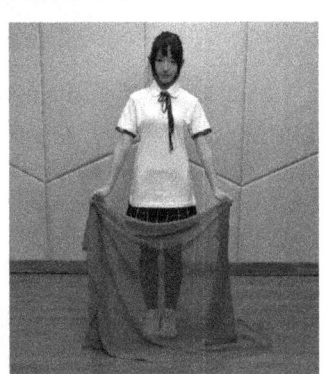

（四）1—3拍，双脚屈膝一次，两手继续向左侧绕一个"∞"字后，停于胸前。

（五）1—3拍，同（一），方向相反。

（六）1—3拍，同（二），方向相反。

（七）1—3拍，同（三），方向相反。

（八）1—3拍，同（四），方向相反。

第四节（8×3）

（一）1—3拍，向左小碎步，左手握纱巾侧上举，右手贴腹部。

（二）1—3拍，同（一）。

（三）1—3拍，同（二）。

（四）1—3拍，立正，双手握纱巾回归于胸前。

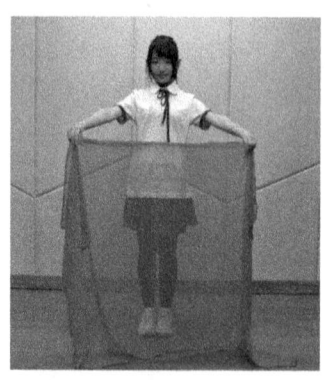

（五）1—3拍，右脚屈膝，左脚向右前方点地一次后收回，右手握纱巾在体前绕一个"∞"字，左手贴腹前不动。

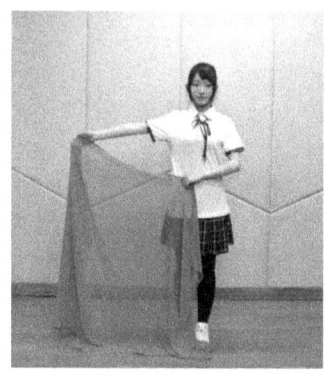

（六）1—3 拍，左脚屈膝，右脚向左前方点地一次后收回，左手握纱巾在体前绕一个"∞"字，右手贴腹前不动。

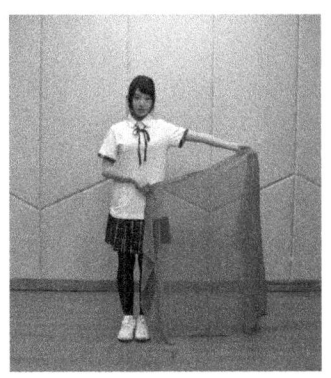

（七）1—3 拍，双脚并拢屈膝一次，两手向左侧绕一个"∞"字后，停于头顶后上方。

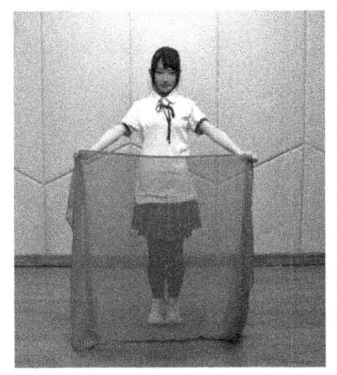 

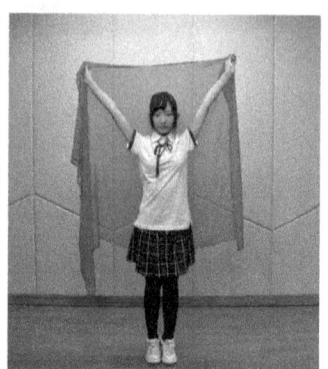

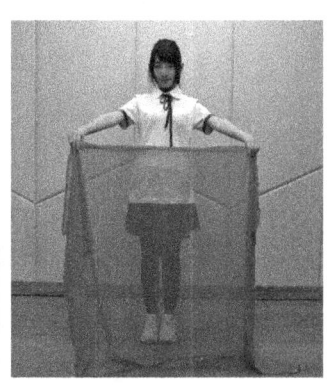

（八）1—3拍，双脚并拢屈膝一次，两手向右侧绕一个"∞"字后，停于胸前。

第五节（8×3）
（一）1—3拍，同前一节（五），方向相反。
（二）1—3拍，同前一节（六），方向相反。
（三）1—3拍，同前一节（七），方向相反。
（四）1—3拍，同前一节（八），方向相反。
（五）1—3拍，立正，双手握纱巾稍比肩宽于胸前抖动三次。

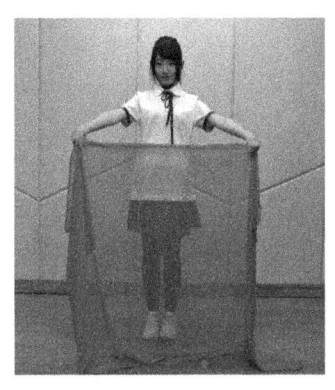

（六）1—3拍，向右小碎步，右手握纱巾侧上举，左手贴腹部。
（七）1—3拍，同（六），方向相反。
（八）1—3拍，立正，双手握纱巾归回于胸前。

第六节（8×3）

（一）1—3拍，左脚开始向前走两步，最后一拍左脚后点地一次，两手握纱巾挥摆至身体左后侧。

（二）1—3拍，左脚开始向后退两步，最后一拍左脚前点地一次，两手握纱巾挥摆至身体右后侧。

（三）1—3拍，身体转向左侧，左脚开始向左走两步，最后一拍左脚后点地一次，两手握纱巾挥摆至身体左后侧。

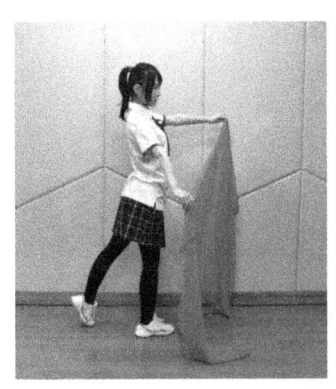

（四）1—3拍，身体转向右侧，左脚开始向右走两步，最后一拍左脚后点地一次，两手握纱巾挥摆至身体右后侧。

（五）1—3拍，左脚向左侧迈一步，双腿屈膝，重心移至左脚，右脚侧点地一次，两手握纱巾经体前挥摆至左侧。

（六）1—3拍，双腿屈膝，重心移至右脚，左脚侧点地一次，两手握纱巾经体前挥摆至右侧。

（七）1—3拍，向左并步跳一次，右脚侧点地，两手握纱巾于体前环绕一周。

（八）1—3 拍，右脚侧点地，两手握纱巾挥摆至身体左侧。

第七节（8×3）
动作同第六节，但方向相反。

第八节（8×3）
（一）1—3 拍，收回左脚，两手握纱巾向左侧绕一个"∞"字后，停于头顶后上方。

 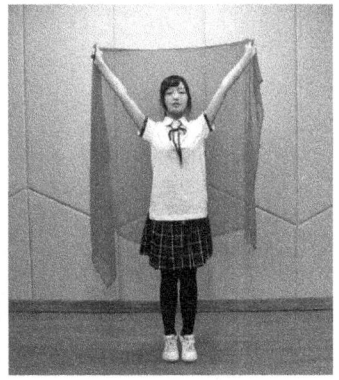

（二）1—3 拍，左脚开始恰恰步，手握纱巾于头顶后上方不动。
（三）1—3 拍，右脚开始恰恰步，手握纱巾于头顶后上方不动。
（四）1—3 拍，同（二）。

（五）1—3拍，同（三）。
（六）1—3拍，同（二）。
（七）1—3拍，同（三）。
（八）1—3拍，立正，两手握纱巾从头顶上方向前甩至体前。

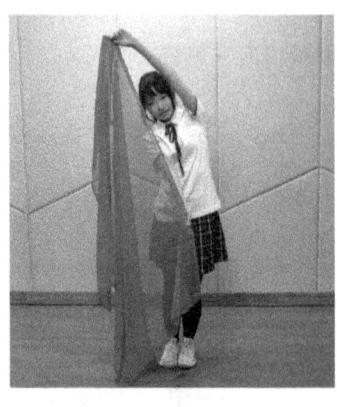 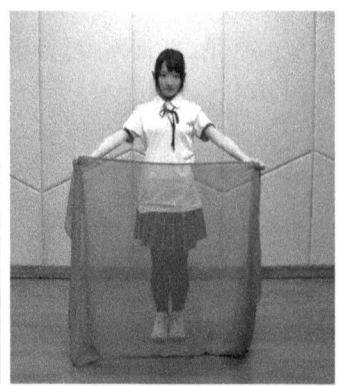

第九节（8×3）
（一）1—3拍，右脚屈膝一次，左脚向右前伸出，脚尖点地后脚收回，左手叉腰，右手在体前绕一个"∞"字。

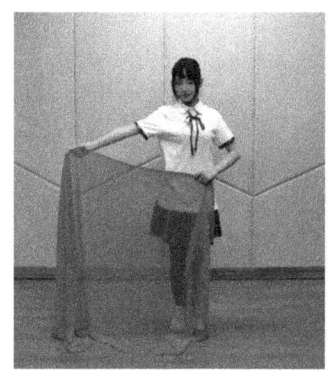

（二）1—3拍，左脚屈膝一次，右脚向左前伸出，脚尖点地后脚收回，左手叉腰，右手在体前绕一个"∞"字。

（三）1—3拍，同（一）。

（四）1—3拍，同（二）。

（五）1—3拍，右脚后侧一步，重心移动到右脚上，身体面朝右侧，左脚脚跟抬起，右手摆动至后上方，左手至侧下方。

（六）1—3拍，双腿屈膝，重心移动到左脚上，身体还是面朝右侧，右脚脚跟抬起，左手摆动至前上方，右手至侧下方。

（七）1—3拍，右脚向前迈一步，重心移至右脚，面朝左侧，左脚脚跟提起，右手摆动至前上方，左手至前下方。

（八）1—3拍，双腿屈膝，重心移动到左脚上，面还是朝左侧，左手摆动至后上方，右手至前下方。

第十节（8×3）

动作同第九节，但方向相反。

第十一节（8×3）

（一）1—3拍，立正，两手握纱巾向左侧绕一个"∞"字后，停于头顶后上方，同第八节（一）。

（二）1—3拍，左脚开始恰恰步，手握纱巾于头顶后上方不动，同第八节（二）。

（三）1—3拍，右脚开始恰恰步，手握纱巾于头顶后上方不动，同第八节（三）。

（四）1—3拍，同（二）。

（五）1—3拍，同（三）。

（六）1—3拍，同（二）。

下篇 舞蹈类 115

（七）1—3拍，同（三）。

（八）1—3拍，立正，两手握纱巾从头顶上方向前甩至体前，同第八节（八）。

第十二节（8×3）

（一）1—3拍，右脚侧迈一步，两腿屈膝一次，重心移至右脚，左脚侧点地，两手向右前上方甩动纱巾。

（二）1—3拍，两腿屈膝一次，重心移至左脚，右脚侧点地，两手向左前上方甩动纱巾。

（三）1—3拍，双手持纱巾于头顶上方，向右自转一周。

（四）1—3拍，重心落在右脚上，左脚侧点地，两手一高一低握纱巾于右侧。

（五）1—3拍，同（一），方向相反。

（六）1—3拍，同（二），方向相反。

（七）1—3拍，同（三），方向相反。

（八）1—3拍，同（四），方向相反。

第十三节（8×3）

动作同第六节。

第十四节（8×3）

动作同第十三节，但方向相反。

第十五节（4×3）

（一）1—3拍，向右侧并步一次，双手平握纱巾于胸前不动。

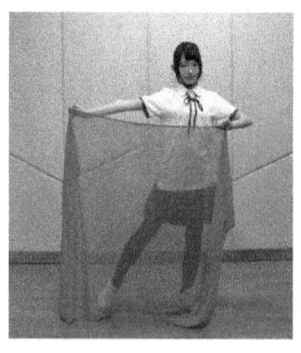
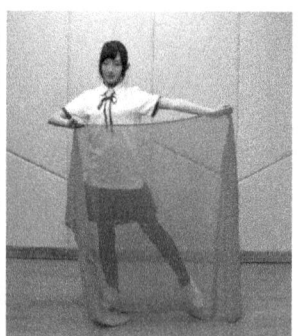

（二）1—3拍，右脚屈膝，左脚向右前方伸出点地，右手握着纱巾经体前挥摆着左肩，左手保持不动。

（三）动作同（一），但方向相反。

（四）动作同（二），但方向相反。

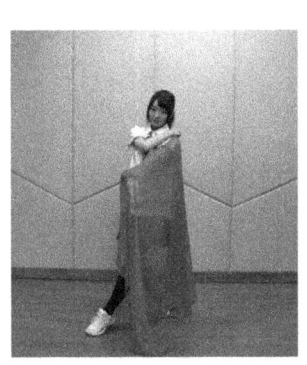

退场（8×3）

（一）1—3拍，立正，两手握纱巾向左侧绕一个"∞"字后，停于头顶后上方。

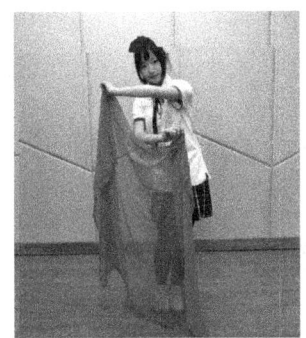

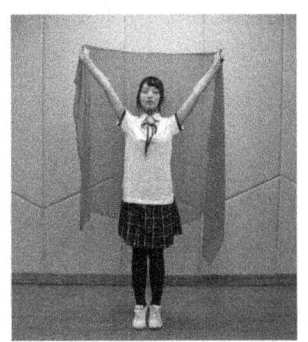

（二）1—3拍，左脚向前恰恰步，两手微微向左侧摇摆，第三拍回到直立姿态。

（三）1—3拍，右脚向前恰恰步，两手微微向右侧摇摆，第三拍回到直立姿态。

（四）1—3拍，同（二）。

（五）1—3拍，同（三）。

（六）（七）（八）结束造型。

第三单元　创编意义、原则与方法

纱巾舞因其优美且能塑造良好体型的特点而深受广大学生，特别是女生的喜爱。为了进一步激发学生对纱巾舞的喜爱，创编者应具备良好的纱巾舞动作创编能力。当要进行编排时，往往有各式各样的舞步、动作和音乐供我们选择。首先，创编者需要弄清楚选择动作和音乐的依据和出发点是什么，这是编排纱巾舞要考虑的最基本的原则。如徒手动作的各部分连接，是构成身体运动和纱巾练习的基础。这些徒手动作必须始终根据纱巾的合理和特殊的技术来考虑。而纱巾的运用，既能增强动作的难度，也能增强纱巾舞本身

的表现力和艺术感染力。

一、什么是创编

所谓创编就是一个艺术性的创作过程,而非简单的动作排列过程。"创编"的任务就是要求教练员在"创编"实践中要走创造性道路。一个纱巾舞团队只有立足于创新才会有旺盛的生命力。几年来的教学实践证明,培养创编能力是纱巾舞教学中能力培养的重要方面,它如一把开启纱巾舞运动大门的钥匙,我们的教学应十分注意铸造这把钥匙。

二、培养创编能力的重要性

纱巾舞中的创编活动,决非动作的简单排列或堆砌,它是一个艺术性的艰苦的创造过程。创编过程就是各种相同或不同类型的动作,按一定的教学目的、要求,遵循特有的创编规律和方法,经过思维、想象,进行生动的艺术再创造,并把它们编排成具有一定难度和锻炼价值的组合过程。创编能力则是在创编过程中表现出来的一种创造性地运用已有知识、动作、技术的本领,是思维、想象分析、研究、概括能力的综合反映。

(一)提高教学质量,培养创造型教师的需要

苏联的教育家瓦西里·苏霍姆林斯基认为:"知识就是意味着能够运用。"教学就是"教给学生能够借助已有的知识去获取新的知识"。可见,获取知识既是目的又是手段。要提高纱巾舞的教学质量,不仅要让学生获得知识、动作、技术,而且要引导他们思考学习的本身,学会创造性地运用已有知识进行创编。尤其是在这大信息时代,其教学内容、方法、手段都在不断地丰富、完善、更新,如果只会"学"不会"创",就很难适应日新月异的新情况,也谈不上在今后的教学实践中有所发现,有所创造。

(二)纱巾舞项目特点的需要

纱巾舞以艺术性和优美为其主要特征,它是一种徒手或手持轻器械在音乐伴奏下进行的"节奏"运动,它既是体育运动项目,又是在一定时间、空间范围内进行的人体造型艺术,它与音乐、舞蹈、美术、表演艺术、杂技等有着不可分割的联系,正是这种联系,不仅赋予纱巾舞美的含义和价值,而且还意味着必须不断地创新,因为只有创新才有生命,才有活力,才有发展。这样,教师就必须根据教学大纲的要求,从学生的具体情况出发,不断地创造出更新、更美以及具有一定难度和审

美价值的动作并加以组合。

（三）纱巾舞教法特点的需要

纱巾舞是一种非周期性的运动。它的动作内容丰富，形式做法多变，从单个动作开始，逐步过渡到组合练习，再由组合练习过渡到成套练习。这是纱巾舞教法特点。教学必须从单个动作开始，但决不能停留于此，当单个动作有了一定基础后，就要及时地过渡到组合练习（由单一性组合到复合性组合）。当各种不同类型的组合有了一定的积累，动作技术达到一定程度的巩固熟练后，就要及时地进行综合性的成套练习。进行组合和成套练习是纱巾舞教学过程中必不可少的环节。这就要求教师必须根据教学任务的需要，独立地创编各种有代表性的组合、成套动作，使学生感到教材中永远有新的成分，从而不断地激发他们学习的积极性，提高学习效果。

三、创编的原则

创编活动的内容、形式、方法可多种多样，但必须由易到难，由简到繁地进行；可先根据基本动作的技术结构特点，变化发展新的动作形式和做法，再逐步过渡到编组合、成套。可先编教学、训练用的成套，再编表演比赛用的成套；先编徒手操，再编轻器械操；可以一人独立创编，也可分成小组，还可先集体讨论，再分段创编等。

音乐是纱巾舞动作节奏的基础，而纱巾舞动作又是音乐情感、性格、形象和结构的具体表现。所以，在编排全套动作时，一定要注意使音乐的旋律和动作的形象融为一体，根据音乐的旋律创编出动作的节奏，根据音乐的变化发展多样化的动作，动作要伴随音乐的起伏对比创编独特性的动作，音乐的曲式结构要体现在动作结构中。

对音乐的选择、理解、鉴赏应是首先解决的问题。一套操只有听觉和视觉和谐统一才能产生较好的艺术效果。视、听的统一是建立在对音乐的理解和鉴赏基础上的，所以选择音乐实际上是创编者对视觉形象和听觉形象的感性认识过程。在音乐的选择上有两种方法：一是先选定音乐，然后再创编动

作。它的特点是启发性强,可激发编舞者的灵感和想象力,但有一定的局限性,易受音乐的约束。二是先创编动作,然后再配音乐,它不受音乐的约束但在结构上不易吻合。总之在创编中,动作要生动地体现音乐,音乐要衬托出动作的表现力,这样才能使两者合为一体,更完美地表现出纱巾舞的魅力。

纱巾舞的创编方法归纳起来有这样几个要素需要重视:

1. 单一动作的组合,即同类动作的组合。例如当我们把各种形式的华尔兹舞步(向前、向侧、后退、转体等)学完以后,就可以把它们组合起来编成华尔兹组合练习。

2. 综合性动作的组合,即不同类型动作的组合。这种类型动作的组合,首先得让练习者在掌握了不同类型动作的基础上。例如前一个八拍我们做了柔软步,后一个八拍我们做了脚尖步的混合类动作的组合练习。

3. 方向的变化。一般的方向变化有:向前、向后、向左、向右、斜方向、弧形、曲线、往返等。由于采用了不同方向的变化,即使我们做的是单一性动作组合练习,也不会感到枯燥乏味。

4. 速度的变化。动作可以用快速、慢速的交替变换或持续性的速度来完成。如果在一套动作中,速度有不同的变化,这不仅对人体锻炼的价值不一样,而且由于这种强弱的交替出现还会给人以生气和活力之感。

5. 水平面的变化。在编排上,应有空中、地面以及中间状态的动作,而不是局限于一个水平面上做动作。如果在创编套路时,我们穿插了地面上各种小技巧,或是大小不同的跳步及空中动作,或是不同形式的转体,这就使整个画面有高、低起伏的变化,不会给人以单调、平铺直叙之感。

6. 身体动作。身体动作是突出艺术美的很重要的一个方面。在纱巾舞练习中每一个姿态的展现都伴有全身各部位的感觉和表现。在完成动作时可伴有多样化的身体动作,比如身躯的小波浪，手臂不同方向的摆动、绕环等充分利用自身动作去表现各种情感，这将会收到不同的艺术效果。

7. 开始与结束姿势。动作的开始要引人注目，结束的意境要给人回味。如能考虑到每个练习者的气质和身体条件去创编不同的开始或结束姿势，这将给目击者留下深刻的印象。

8. 音乐。音乐的选择应与动作的编排和谐一致，音乐选择得体将给编排增添艺术效果，可以根据练习者的特点选择一些人们所熟悉喜爱并能反映时代气息的乐曲。

四、纱巾舞创编的过程

根据纱巾舞编排的规律，创编的过程大致可分为准备阶段、创编阶段和完善阶段三个部分。

（一）准备阶段

1. 正确的指导思想

创编者明确创编的目的和任务，了解学生的身体条件、锻炼基础、技术水平等，为创编提供依据；学习和了解编排的先进范例，为创编提供最优、最新的专业信息。

2. 广泛收集资料

搞好创编工作，必须掌握大量的第一手材料，通过图片、资料、规则，研究分析纱巾舞器械的性能、特点，从而不断提高感性认识，为创编工作打好基础。

（二）创编阶段

1. 创编构思

构思是创编过程中一系列复杂、细致的思维活动，实质上是创编者从感性认识到理性认识的过程，只有掌握了丰富的直接或间接的第一手材料，经过创编者想象力的再创造，对一套操的轮廓，以及运用什么形式，采用什么风格，如何达到预期的目的有了一个初步的认识，从而达到认识活动与创作活动的有机统一。应确定编排方向，考虑如何体现自己的特点和风格，注意怎样扬长避短等。

2. 想象力

想象是观念形态上的再创造，是创造现实的表象和形象的心理活动。在创编之前，一套操大致的形象已经存在于创编者的头脑中，其效果如何，将取决于创编者头脑中所想象出的形象成熟程度；没有想象力就不可能在创编实践中更好地走独创性道路。但想象力的发挥是受客观现实制约的，它不能脱离实际，必须以感性认识为基础。感性材料掌握越丰富想象活动也就越自由，越有创造性，只有充分发挥想象力，创编才能达到完美的艺术效果。

3. 单个动作的设计和试练

从开始到结束的每一个动作都要进行设计和试练，确定动作方法是否可行，边设计、边试练才能精确细腻。

4. 难度动作及队形设计

难度动作的设计要注意新颖、灵巧和独特等特点，队形的设计要注意精确、别致、优美、协调等。队形在团体操中占有很重要的位置。在创编中队形设计应富于变化。优美的动作，巧妙的队形变化是一套操创编过程的重要环节，也体现着创编者的想象力和技艺水平。随着流畅的动作自如地进行队形变化，构成几何图形，能表现线型艺术的审美特点。利用空间和时间使整个场地安排与音乐的节奏、韵律和谐统一起来。

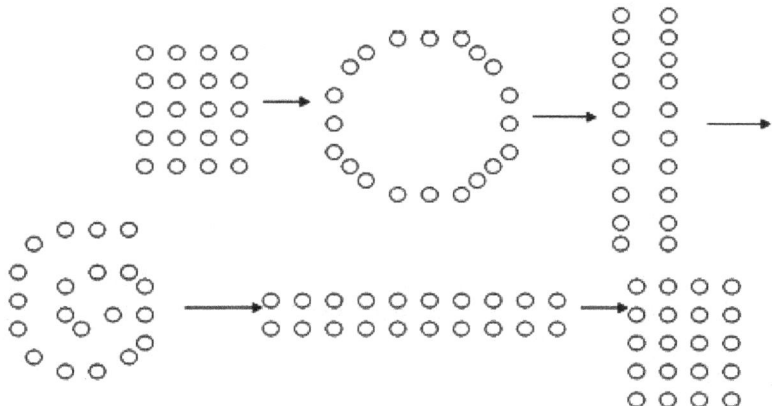

5. "搭大架子"

即对成套动作的难易动作进行初步搭配和安排。

6. 分段编排与试练

架子搭好以后，进行分段编排，并将单个动作分段连接起来试练。

7. 成套动作串联

把所有段落的动作连接起来，看动作层次是否清楚、合理。

8. 选编音乐

音乐的选编，可根据不同的情况自行掌握，先选编音乐后创编动作，或先创编动作后选编音乐均可。

9. 修改加工

发现音乐和动作不一致时，对音乐或动作及时修改。

10. 审定开始和结束动作

开始动作和结束动作都要精彩，要做到"善始善终"。

11. 艺术处理

在创编过程的各个环节中，艺术处理是很关键的问题，难度动作、队形变化、交换器械等各个部分的处理都要有艺术性。如六人组成一个圆形，经过艺术处理后就可使其成为一个有层次的圆形，既增加了立体感，又达到了较好的艺术效果。另外在创编中动作应有高低起伏，动静结合，刚柔相济，互相衬托；还应有层次，每段动作要有高潮，这样从整体上看才富于起伏和层次变化，从而达到完美的艺术表现力。

（三）完善阶段

在总体设计和成套动作的创编工作完成后，还应进行修改，确定成套动作，转入练习阶段。在练习的过程中，再根据练习的效果调整动作，使动作与音乐完美结合。

纱巾舞就是把一些简单的基础动作，通过运动时间的依次性、连续性，表现出一种延绵不绝的动作效果；运用各种队形的更换，勾画出整个运动场面的艺术画面。这种使运动轨迹艺术化的技能是每个编排者所必须和学会运用的。同时，编舞者应突出作品的思想内容和人物情感，而纱巾舞的创作则没有这样明确的目的性，它所选择的动作是为了更好显示人体的各种动态美，讲究的是如何把人体动作变得更健美、更具表演性，路线和队形的变化也是为了连接动作，强调了动作最终呈现的效果。

创编过程是一项十分细致而复杂的艺术创作过程，付出的多少直接影响运动成绩的优劣。我们应具备编导的素质，既能创作，又能导演。因此必须广泛地学习多方面的知识，开阔眼界，丰富自己的艺术修养，在实践中不断地积累和总结经验，学习和借鉴国内外的先进技术和经验，这样才能有所提高，有所前进，才能适应当今纱巾舞项目的发展趋势。

（胡晓红）

绳　　操

第一单元　绳操简介及锻炼意义

一、绳操的简介

绳操是艺术体操项目之一。绳子由棉或麻制成，长绳长2.5—2.8米，直径约为1厘米。基本动作有摆动、绕环及各种抛接、跳跃、卷绳等。绳操在1965年第二届世界艺术体操锦标赛自选动作比赛项目中首次出现，1967年被列为正式比赛项目。跳绳在中国具有悠久的历史，它原属于庭院游戏类，后发展成民间竞技运动。

传统跳绳有单脚跳、单脚换跳、双脚并跳、双脚空中前后与左右分跳等多种方法。跳绳时，摆绳与跳跃动作要合拍，可一摇一跳，也可一摇两跳乃至一摇三跳。摇绳的方向可向前可向后。

花样跳绳运动在传统跳绳的基础上融合舞蹈、体操、武术、街舞、音乐等多种运动及艺术形式，把速度与力量、难度与花样完美结合，逐步发展为集健身、娱乐、竞技、表演等多种功能于一体的体育运动，给这项古老的游戏增添了无穷的魅力。

绳操是将传统跳绳与花样跳绳及健美操相融合，弱化竞技成分，降低技术难度，其过程是在欢快音乐的伴随下完成，不仅提高体育教学的有效性，同时激发学生的学习兴趣，提高运动鉴赏及审美观。

二、绳操的意义

绳操是一种非常有效的有氧运动。它除了拥有运动的一般益处外，更有独特的优点。不仅能有效提高学生的速度、力量、耐力、灵敏等，对心肺系统等各种脏器以及协调性、姿态的提升等都有相当大的帮助。绳操练习可简可繁，可自由创编，随时可做，简单易学，特别适合开展全校性的体育运动。

绳操将花样跳绳和健美操有效结合，具有修身养性的功能，追求和谐与健康，在陶冶情操和审美教育方面具有独特的功效。在此学练过程中需要参与者具有良好的精神面貌和团队协作意识，有勇于挑战极限、挑战自我的意志品质，同时在练习过程中还能培养学生积极乐观的生活态度，对学生具有积极的教育意义。

绳操基本技术具有简便易学的特点，技术组合种类繁多、形式多样，通过发挥集体与自身想象力，使学生在不经意间萌生出创意和挑战性，令学生在学练过程中获得成就感。绳操通过发挥学生的创新思维，激发学生学习积极性，既达到健身的目的，又能培养心智。

第二单元　基本动作及规定套路

教学过程中将绳操分成两大模块：韵律绳操与花样跳绳。通过对两大模块的纵向教学，对基本动作及技术要领的学习，能独立或多人配合练习与展示，最终将两大模块组合成成套动作，配上音乐，从而形成完整的套路。

一、韵律绳操基本动作

绳操的基本技术有摆绳、绕绳、跳跃过绳、缠绕绳、抛接绳等五种。

（一）摆绳——手持绳向各种方向做臂摆动作

摆绳时以肩为轴，绳作为手臂的延伸部分，将力传至绳的最远端。摆绳过程中，绳不能碰触地面或身体任何部分。绳形挺直，不能出现波浪形。整个身体随绳协调地运动。

1. 两手分别持绳两头体前左右摆绳

预备：两手体前持绳两头。

做法：① 屈膝弹动一次，左手主动，右手随同向左摆。
② 屈膝弹动一次，右手主动，左手随同向右摆。

练习方法：① 原地屈膝弹动练习，幅度由小到大。
② 结合左右移重心做并步大绕环。
③ 移动中练弹簧步侧举腿同时做左右摆绳。

2. 单手持绳两端体前左右摆绳

做法：单手持绳子两端做体前摆绳动作。

3. 单手持绳两端体侧前后摆绳

预备：右手持绳两端并侧举。

做法：① 屈膝弹动一次，右臂后摆绳。
② 屈膝弹动一次，右臂前摆绳。

练习方法：① 原地屈膝弹动前后摆动，两手交替进行。
② 结合前后移重心练习将前后摆绳与前后大绕环结合。

③ 与各舞步结合，如做加洛步、弹簧步、华尔兹步的同时做前后摆绳。

④ 把以上动作串联，如原地屈膝弹动前后摆绳—移重心前后摆绳—向前并步大绕环前摆—向后并步大绕环后摆—弹簧步前进前后摆动等。

（二）绕绳——绳做以肩和腕为轴的绕环动作

大绕环以肩为轴，顺着摆绳的轨迹进行绕绳。小绕环以腕为轴，臂自然弯曲，用腕关节的力量绕绳。绕绳时，绳不能碰触地面和身体的任何部分，要在空中保持一定绳形，避免绳绞在一起或出现波状。

1. 大绕环

（1）前垂直大绕环

预备：两脚开立两手各持绳一头，或单手握两个绳头右侧举。

做法：① 向左摆绳并顺势经上方向右绕环一周再左摆。

下篇 舞蹈类 129

② 向右摆绳并顺势经上方向左绕绳一周再右摆。

③ 如此反复进行。

练习方法：在左右摆绳基础上练绕环，并可左右移重心，向侧做并步等。

（2）体侧垂直大绕环

预备：两脚左右开立，两手各持绳一头或一手持绳二头。

做法：① 向后摆绳并顺势经体侧向上绕环一周后摆。

② 向前摆绳并顺势经体侧向上绕环一周再前摆。

③ 如此反复进行。

练习方法：在前后摆绳基础上顺势绕环，并可前后移重心，向前做加洛步、弹簧步、华尔兹步等。

（3）头上水平大绕环

预备：单手握两绳端侧上举。

做法：右臂在头上方经前向左绕环一周再向右平摆，回到预备姿势。

练习方法：① 先练单手握绳两端在头上大绕环，再练两手分别握绳在头上水平绕环。

② 一边用双脚或单脚转体一边做头上水平大绕环。

2. 体前向里、向外垂直小绕环

下篇 舞蹈类　131

预备：手臂前举，单手握两绳端。

做法：以手腕为轴，绳在体前做向里或向外的绕环动作。肘放松，绳形挺直。

练习方法：① 两手交替练。
　　　　　② 与体前垂直大绕环结合起来，如做1次大绕环后做2—3次垂直小绕环。
　　　　　③ 在各种走步、舞步、跳步中进行小绕环。

3. 体侧向前、向后垂直小绕环

预备：手臂侧举，单手握绳两端。

做法：以腕关节为轴，在体侧做向前或向后的小绕环。肘放松，绳形挺直。

练习方法：① 两手交替练。
　　　　　② 与体侧垂直大绕环结合起来，如做1次大绕环后做2—3次小绕环。
　　　　　③ 在各种走步、舞步、跳步中进行小绕环。

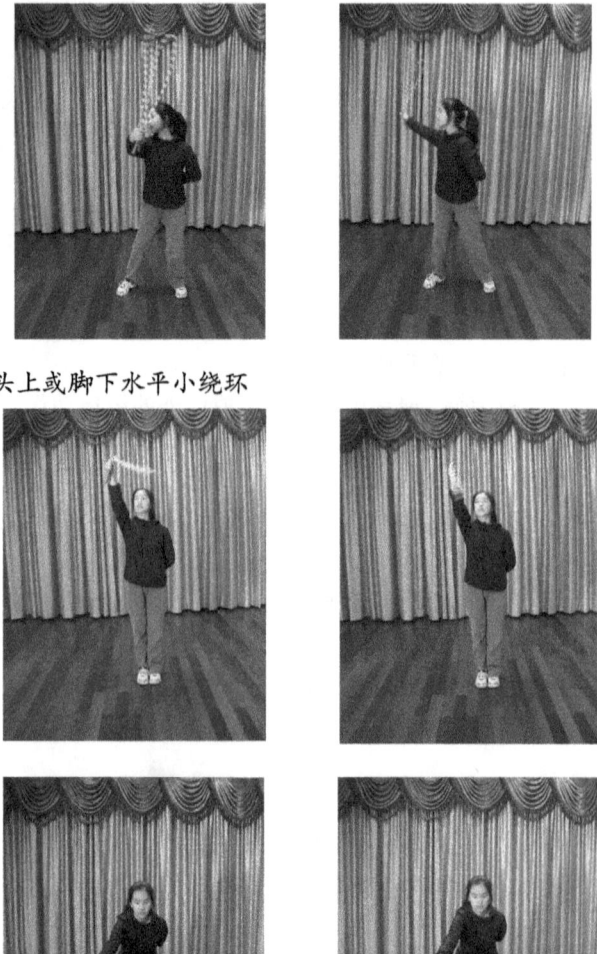

4. 头上或脚下水平小绕环

预备：手臂上举，单手握两绳端。

做法：以腕为轴，在头上方做向里、向外水平绕环。手臂尽量伸直上举，绳形挺直。在脚下只能做向里水平小绕环，当跳起在空中时，手臂下垂并用腕快速地做向里小绕环，使绳在腿下划一水平圈后侧摆。

练习方法：① 站立，两手交替做小绕环。
② 在走步、各种舞步、双脚转体、单足转体的同时做小绕环。
③ 在头上体前或头上脚下做螺形水平小绕环。

5. 体侧"∞"字绕绳

预备：双手分别握绳头或单手握绳两端，臂上举。

做法：右手握绳在右侧由上经下，由后向前绕环一周，接着在左侧也经下，后向前绕环一周，正好成一"∞"形；然后按相反方向绕反"∞"字。双手握绳绕"∞"字时，两手应尽量靠近。

练习方法：① 原地屈膝弹动同时做"∞"形绕环。
② 身体做波浪同时做体侧"∞"形绕环。
③ 在走步、舞步、跳步中做体侧"∞"字绕环。
④ 单手握绳做体侧"∞"形绕环，后接一侧向前或向后小绕环。

6. 体前、体后"∞"字绕绳

预备：单手握绳两端或两手分别握绳头侧举。

做法：右手握绳右侧举，经上向里绕环一周至头上方，接着屈肘在体后以腕为轴向外绕一周，再回到头上方，然后按反方向进行。如果双手握绳做体前、体后"∞"字绕环，动作过程中两臂要并行靠近，避免绳绞在一起。

练习方法：① 先练原地单手握绳体前、体后"∞"字绕环，再练双手分别握绳绕"∞"字，左右手交替进行。

② 左右移重心同时做体前、体后摆绳接体前、体后"∞"字绕环。

二、韵律绳操套路

起势（4×8）

（一）1—8拍，两脚直立，两臂在腹前，双手拿绳的两端。

（二）1—8拍，两脚左右开立，两臂上举。

（三）1—8拍，踮脚八次，两臂上举。

（四）1—8拍，踮脚八次，两臂向下伸直。

第1×8拍　　　　　　　第2×8拍

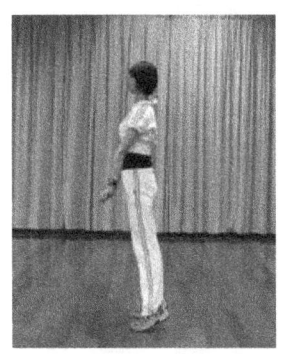

第3×8拍　　　　　　　第4×8拍

第一节（4×8）

预备姿势：直立，两手握绳的两端。
（一）1—左脚向左一步，两腿分开成小八字形，膝关节向外打开，两臂前平举。

    2—直立。

    3—同 1—方向相反。

    4—同 2—。

5—两脚做滚动步,一拍一动同时扭髋,两臂经过右侧上举至左侧摆。

6—两脚做滚动步,同时扭髋,两臂向右摆。

7—两脚做滚动步,同时扭髋,两臂向左摆。

8—还原。

(二)同(一),方向相反。

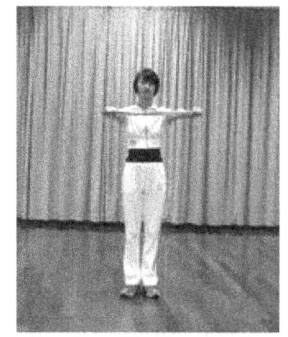

(三)1—左脚向左一步,两脚分开成小八字形,膝关节向外打开,手臂向前伸直,右手在上,左手在下。

2—直立,手臂平举。

3—动作同1—,方向相反。

4—屈膝站立。

5—左脚向后点地,两臂上举。

6—左脚向前点地,两臂于左下侧伸直。

7—左脚向后点地,两臂上举。

8—还原。

(四)同(三),方向相反。

第二节(4×8)

预备姿势:直立,两手握绳的两端。

(一)1—2 左脚向左一步,屈膝半蹲将重心移至右脚,右脚伸直,左脚脚尖点地,两臂向右摆,右手伸直,左臂置于胸前。

下篇 舞蹈类 139

3—4 屈膝半蹲,移重心至左脚,左脚伸直,右脚脚尖点地,两臂向左摆,左手伸直,右臂置于胸前。

5—6—7 屈膝半蹲至起立,双手上举,两脚并拢(右脚靠左脚),左脚再向左一步,经过屈膝半蹲至起,重心在左脚,右脚脚尖点地,两臂经下至左上右绕一周半成左臂伸直,右臂置于胸前。

8—还原。
(二)同(一),方向相反。
(三)(四)同(一)(二)。

第三节(4×8)

预备姿势:直立,两手握绳的两端。

(一)1—左脚向左一步,屈膝半蹲,两臂屈肘,双肩打开,抬头挺胸。

2—两腿直立，重心在右腿，左脚脚尖点地，两臂同时向右侧上伸。

3—两脚左右开立，屈膝半蹲，两臂由上向下拉成屈肘，双肩打开，抬头挺胸。

4—两腿直立，重心在左腿，右脚脚尖点地，两臂同时向左侧上伸。

5—6 两腿直立，两臂由左侧上向下逆时针方向绕一圈，两臂上举。

7—同3—。

8—同2—。

（二）同（一），方向相反。

（三）（四）同（一）（二）。

第四节（4×8）

预备姿势：直立，两手握住绳的两端。

（一）1—向左转体45度同时左脚向左一步成左弓步，两臂屈肘于

胸前,上体保持正直。

2—右脚向左靠成直立,两臂屈肘于胸前。

3—同1—。

4—同2—。

5—左脚提膝,两臂屈肘并扩胸。

6—直立。

下篇　舞蹈类　143

7—同5—。

8—还原。

（二）同（一），方向相反。

（三）同（一），但向左转体时呈90度。

（四）同（二），但向右转体时呈90度。

第五节（2×8）

预备姿势：直立，两手握住绳的两端。
（一）1—左脚向侧一步，两臂屈肘于左侧，头稍转向左边。
　　　2—右脚向后交叉，两臂屈肘于右侧，头稍转向右边。
　　　3—同 1—。
　　　4—两腿并拢，两臂抬肘至稍半弧形。
　　　5—8 两腿屈膝向左转体 90 度跳，连续跳 4 次，左臂在肩前抬肘成弧形，右手低于左手，绳成斜线。
（二）同（一），方向相反。

第六节（4×8）
预备姿势：直立，两手握住绳的两端。
（一）1—左脚向左 45 度方向跨一步，两臂前平举，比肩稍低。
　　　2—右脚前屈，两臂前屈在胸前。
　　　3—右脚落地同 1—。
　　　4—左脚向后点地成弓步，两臂向后摆，右手伸直，左手弯曲，两眼看右手。

5—8 同 1—4。

（二）1—左脚向左侧开立，两臂在胸前。

2—右脚向右侧踏一步成两脚左右开立，两臂前平举。

3—两腿屈膝成小八字形，膝关节向外打开，两臂交叉，左手在上右手在下。

4—两腿伸直，两臂前平举。

5—同 3—。

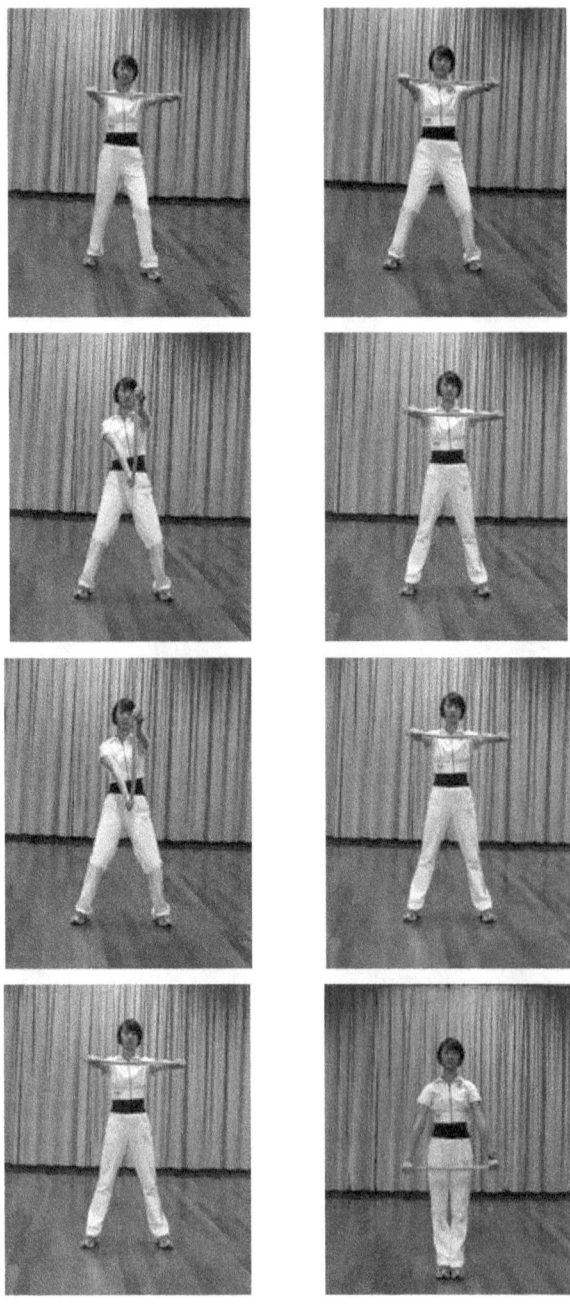

6——同 4——。

7——左脚向后退一步,两手在胸前。

8——右脚向后退一步,两手放下。

(三)(四)同(一)(二),方向相反。

第七节(4×8)

预备姿势:直立,两手握住绳的两端。

(一)1—2 左脚开始向前做变换步,左手贴腰,右手拿绳一端同时在身体左侧顺时针绕一圈。

3—4 动作同 1—2,方向相反。

5—8 同 1—4。

(二)同(一),除了第八拍时还原。

(三)1—2 左脚开始向前做变换步,两手在胸前同时做向外绕圈,身体稍向左侧倾斜。

3—4 右脚开始向前做变换步,两手在胸前同时做向外绕圈,身体稍向右侧倾斜。

5—两腿弯曲成半蹲,两手臂上举。
6—直立,两手臂伸直。
7—同 5—。
8—同 6—。

（四）同（三），方向相反。

第八节（4×8）

预备姿势：直立，两手握住绳的两端。

（一）1—左脚向左前45度跨出，脚跟着地，双臂斜下伸直，头稍左转。

2—还原。

3—4 同 1—2，方向相反。
5—左脚向左一步成开立，双手直臂上举至头上。
6—两脚开立上体前屈，双手尽量触地。
7—两脚开立，屈膝半蹲，两手于胸前平举。
8—还原。
（二）同（一），方向相反。
（三）1—左脚向左侧跨一步，脚尖点地成左弓步，双手向左侧前举，身体稍向左侧转。

 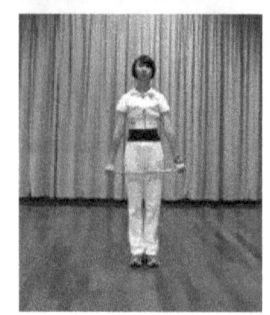

2——还原。

3—4 同 1—2,方向相反。

5—6 左脚向左跨一步,脚跟点地,上体前屈,双手持绳置于脚尖。

7——左腿屈膝向后踢,双臂屈肘将绳子举于头颈处。

8——还原。

(四)同(三),方向相反。

第九节(4×8)

预备姿势:直立,两手握住绳的两端。

(一)1——双脚向上跳起,落地两脚开立,双手胸前平举。

2——双脚向上跳起,落地两脚并拢成直立还原。

3——双脚向上跳起,落地两脚开立,双手直臂上举至头上。

4——同 2——。

5——双脚向上跳起,两脚开立落地,身体稍向左侧转体,双手向左侧上举至胸前。

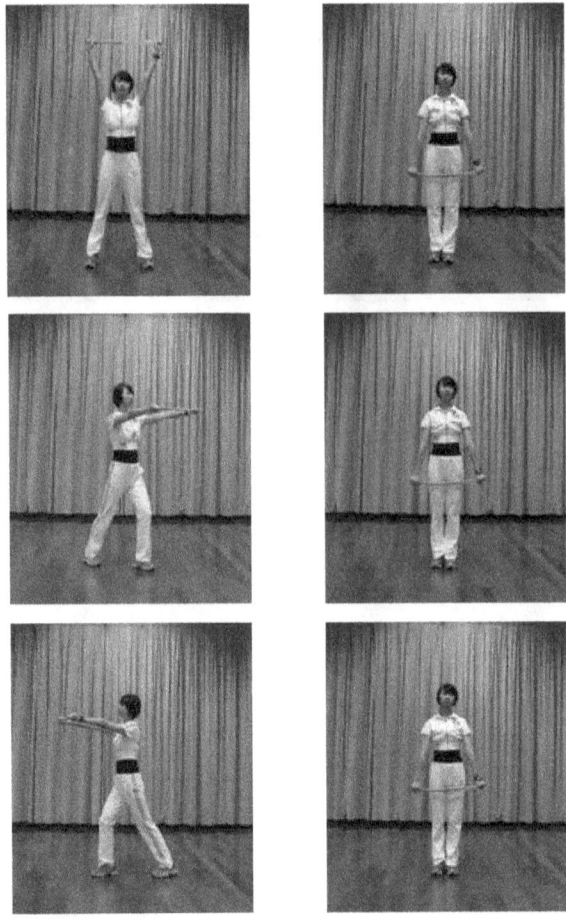

6—同 2—。

7—同 5—，方向相反。

8—同 2—。

（二）同（一）。

（三）1—左脚前吸腿且右脚向上跳起，同时双手屈臂至胸前。

2—还原。

3—左脚向前踢腿且右脚向上跳起，双手胸前平举。

4—同 2—。

5—左脚向同侧踢腿且右脚向上跳起，同时双手侧下举。

下篇 舞蹈类 | 153

6—同2—。

7—左脚向后踢且右脚向上跳起,同时双手胸前屈。

8—同2—。

(四)同(三),方向相反。

二、花样跳绳基本动作

(一)个人单绳

1. 脚下停绳:以脚跟挂绳的停绳动作

练习方法:跳绳动作结束后,两臂外展,绳子继续前摇至脚下,单腿前点,脚跟点地并挂住绳子。

2. 单脚跳:双手正常摇动绳子,一只脚着地的跳跃

练习方法:

(1)原地无绳练习双脚一开一合的动作。

（2）加上双手的摇动数着拍子练习，保持节奏。

（3）拿上绳子练习单脚跳，数着拍子练习。

（4）移动中练习开合跳，数着拍子练习。

3. 开合跳：双手正常摇动绳子，双脚一开一合地跳跃，双脚张开稍宽于肩

练习方法：

（1）原地无绳练习双脚一开一合的动作。

（2）加上双手的摇动，数着拍子练习，每拍一动，保持节奏。

（3）拿上绳子练习开合跳，数着拍子练习。

（4）移动中练习开合跳，数着拍子练习。

4. 肯肯跳：跳跃时将提膝与抬腿结合

练习方法：
(1) 连续练习无绳原地提膝抬腿跳，练习时手同时摇动。
(2) 加上绳子练习提膝抬腿跳。

5. 挽花跳：绳子过身体时双手在腹前交叉双脚跳跃

练习方法：
(1) 原地无绳练习双手胸前交叉动作。
(2) 拿上绳子练习双手腹前交叉动作，绳子不需要过脚。
(3) 尝试跳跃，跳时尽量靠手腕摇动。
(4) 数着拍子进行连续交叉练习。

6. 后踢跳：双手正常摇动绳子，两脚交替做后踢腿动作

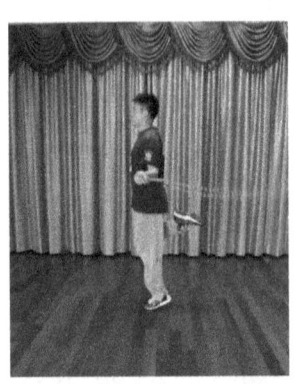 

练习方法：
(1) 无绳进行后踢腿练习，后脚跟尽量往臀部靠。

（2）慢慢进行有绳练习，逐渐配合好手脚。

7. 弓步跳：在基本摇绳的前提下，前后脚做弓步动作，跳跃过绳后，两脚并拢，两脚反复交替

练习方法：

（1）手臂保持基本摇绳姿势，上体保持直立。

（2）前腿往前迈，后退伸直，重心在两腿之间。

8. 敬礼跳：一手在腹前，一手在背后的特殊交叉跳跃

练习方法：

（1）无绳练习—手在腹前，一手在背后的摇绳动作。

（2）直接摆好动作，尝试连续敬礼跳。

（3）左右敬礼跳练习。

9. 双摇跳：原地起跳绳子绕过脚两次

练习方法：
（1）无绳做起跳练习，双手在空中摇动两次。
（2）拿上绳子练习双摇，每次完成动作时避免整个人下蹲。
（3）尽量依靠手腕摇动绳子。

10. 前后打：绳子不过脚在身体前后打地的动作

双脚与肩同宽站立，双手握绳柄从右荡绳至左脚斜前方 45 度时双手往身体斜右后方摇绳，绳子经头顶到达身后，绳子于背后打地同时转动身体，绳子从右往左荡绳，荡至左脚斜后方，双手往身体右斜前方摇绳，依次循环。另一侧动作方法相同，方向相反。

练习方法：

（1）打地与转身配合，绳子打地后顺势转身，让绳子紧贴地面运行，保持绳子饱满的弧度。

（2）手腕与腰部相配合，靠手腕发力摆动绳子，腰部协调配合，使绳子运行顺畅。

11. 俯卧撑跳：绳子过脚之前，身体做好俯卧撑的姿势，绳子摇动过脚同时站起

练习方法：

（1）做好俯卧撑姿势练习无绳摇动双手并且站起的动作。

（2）加上绳子练习，可先站起后绳子再过脚，练习时须找好过脚时机。

（3）在安全的地方完成一次完整动作。

（二）两人一绳

1. 并肩跳：两人肩并肩面向同一个方向，两人靠外边的手握绳，同时摇绳和跳跃

练习方法：

（1）两人练习共同摇绳不跳跃。

（2）尝试练习共同跳跃的节奏。

（3）尝试左右脚交互跳。

2. 两人依次跳：两人共同拿着一根绳配合着依次轮流跳

练习方法：
（1）两人练习共同摇绳不跳跃。
（2）一个人摇绳一个人跳绳，能随意控制绳子的快慢，交换练习。
（3）尝试连续依次跳跃。

3. 两人车轮跳：两人并排站立，相近把柄交叉相握，将绳置于身后；一绳先向前摇动，当摇至最高点时另一绳开始前摇动，两人依次跳跃过绳，两绳始终相差180度，一上一下，一前一后，看上去像"车轮"转动

练习方法：
（1）首先确定谁先起跳，保持匀速跳跃，每次跳跃相隔时间一样。
（2）节奏保持一致。
（3）初学者可先练习双脚跳，再练习左右脚交替踏跳。

4. 两人一绳共同双摇：两人同时手握一根绳共同完成双摇

练习方法：
（1）一人配合摇动，一人跳双摇。
（2）练习连续共同双摇。
（三）交互绳
1. 交互绳进绳：在交替摇动着地的两根绳子中，跳跃着进入到绳中
练习方法：
（1）观察绳子的运动轨迹。
（2）只看靠近自己的一根绳子，随着绳子向上运动，跳绳者进入到绳子中间跳跃。
（3）各方向进绳跳跃练习。

2. 交互绳跳跃：在交替摇动的绳子中双脚着地连续跳跃或者左右脚交换跳跃

练习方法：
（1）跳跃前靠近跳绳。
（2）掌握连续跳跃的节奏。
（3）尝试左右脚交换跳。

3. 交互绳出绳：绳中练习者跳跃结束后，保证摇绳不断而离开交互绳

练习方法：
（1）数数出绳，跳的个数为单数时从异侧出绳，跳的个数为双数是从同侧出绳。

(2) 右脚跳跃时右边出，左脚跳跃时左边出。

4. 单绳步伐跳：在绳中进行开合跳、剪刀跳等一些基本花样动作

练习方法：

(1) 进入绳中数着拍子跳基本花样动作，每根绳子落地时都是一个拍子。

(2) 摇绳和跳绳要达到共同节奏。

(3) 尝试加快速度。

第三单元　创编原则及方法

一、校本绳操创编原则

在教学原则的基础上，紧密围绕着教育性、创新性、时效性进行设计。在设计过程中加强思想、健康、艺术教育，使学生对韵律绳操有全新认识，得到身心的发展；创编中降低难度，整合技术动作，设计出符合时代特征、适合高中生心理特点的动作、造型、套路，从而增加其创新性；创编过程中师生共同参与动作的编排和音乐的选择，建立互动机制，进一步提高教学的实效性。

（一）针对性原则

不同的绳操创编追求的目的就不同。创编时须与对象进行针对性设计，由于心理和生理特点，男生在创编过程中应加强花样跳绳的部分，减少韵律绳操内容；女生在创编过程中应注重韵律绳操部分，适当降低花样跳绳内容或难度；在男女生配合创编过程中应各取所能，发挥各自优势与特点，并合理融合至一起，才能更有效地激发学生的学习热情，提高学生学习的积极性，达到有效锻炼的目的。

（二）渐进性原则

绳操创编过程中需要根据学生个体发展的实际情况及掌握技术程度，逐步提高练习与内容要求。特别是在跳的部分，需要奠定基本技术动作技能，只有打好基础后，才能有效进行各项技术的组合，从而完成创编过程，达到锻炼身体、愉悦身心的目的。

（三）创新性原则

绳操内容丰富、形式多样，在创编动作时，要从实际出发，针对不同的对象及要求创造性地选编动作，选编动作力求朴实大方，有实用价值，动作本身和动作之间的连接要自然，身体各环节的动作配合要流畅，以免影响练习者的积极性，降低锻炼效果。

二、校本绳操创编方法

校本绳操形式多种多样，可以充分利用想象力创编动作，也可以由教师和学生一起创编，让学生开动脑筋，培养其创新能力，同时学生为自己创编的动作被教师运用，也增强了自信心和成就感。在练习过程中可以根据学生的多少进行分组编排，通过不同的组合创编出形式各样、丰富多彩的套路。

模块组合法：将韵律绳操、健美操、花样跳绳的基本技术动作，经过合理有效地组合，创编出一套动作。

单模块组合：在花样跳绳的长绳部分，通过无器械、有器械进行各种动作的展示，创想出丰富的表现形式。或将各种情境融入跳绳过程中，以情境模式呈现，让绳操充满乐趣。

改变节奏法：在绳操中，对单个动作或单个模块的节奏进行处理，对动作节奏进行调整，使动作产生新意，并达到不同运动负荷的效果。

（江仁斌、罗佩娜）

拉 丁 舞

第一单元　拉丁舞简介及锻炼价值

一、拉丁舞概况

拉丁舞分为伦巴、恰恰恰、桑巴、牛仔舞和斗牛舞。(由于学时限制，教材中主要涉及伦巴舞和恰恰恰两种舞蹈。)拉丁舞舞伴间可贴身、可分离，手势和步伐灵活多变，充满激情。通过灵活的腰髋动作、身体摆动及自由流畅的脚法律动，追求人体运动中的曲线美，体现出女士的婀娜、柔媚、灵巧与男士的刚强、威武。曲调缠绵浪漫，音乐热情奔放，富于节奏感，展现出生动活泼、自由奔放的拉美情调和生活气息。男士着装浪漫洒脱，女士着露腿的紧身短裙，展现出背、腰、臀、髋、腿部的优美线条和凹凸有致的身体曲线，烘托出了拉丁舞的异国情调。

二、拉丁舞锻炼价值

学习拉丁舞有助于锻炼者表现力和形体美的充分展现，能够使学生有效地抵御自责、过于敏感等不良心理倾向，能够使他们更好地认识自我，有效地增强其自信心。拉丁舞的学习和锻炼一般采取双人或集体共舞的形式进行，这给学生们提供了相互交流、相互沟通、精诚合作的机会，这一方式可以有效改善学生们的孤独、对人焦虑的心理倾向，能够极大地增进学生之间的友谊，提高拉丁舞参与者的人际交往能力。

三、拉丁舞的起源文化探究

同芭蕾舞一样，拉丁舞属于舶来品，所有的舞种均起源于国外，要想准确把握拉丁舞的灵魂，掌握它的精髓，跳出优美的舞姿，淋漓尽致地展现出独特的异域风情，除了要知道该舞步的跳法外，还必须去探究拉丁舞的起源文化，了解舞步背后丰富多彩的故事。

（一）伦巴舞的起源

16世纪，伦巴由非洲传入拉丁美洲，它的舞蹈动作是从雄鸡的走路中受到启发的，这种舞蹈经过多年的提炼和艺术升华，后来古巴人把它和西班牙的"波莱罗"舞蹈吸收融进了本国的舞蹈中。这样，非洲

的、智利的、西班牙的民间舞蹈和古巴的音乐舞蹈相结合就形成了现代伦巴舞。伦巴舞的律动产生于劳动的过程中，黑人在劳动时，头顶大筐搬运水果，为求上身平稳，这样上压下顶，走起路来胯部自然向两侧转换重心，便形成了臀部的扭摆。

（二）恰恰恰的起源

恰恰恰也称恰恰舞。是加勒比海岛国古巴的伦巴舞和海地的曼波舞的衍生舞。还有一种说法是，古巴舞蹈乐队在演奏伦巴音乐时，为了加强音乐效果，在音乐中增加了一些额外的节拍，而当时那些跳舞的顾客多是天生的舞蹈家，他们对这些额外的节拍，能用双脚敏捷的动作跳出，因此便开始有了恰恰恰的雏形。

另外也有人说，恰恰恰是模仿企鹅的动作创编出来的。企鹅身形肥胖，在海滩上走起路来摇摇摆摆，甚是可爱。在高兴时，一对企鹅相亲相爱共同欢跳；不高兴时，雌企鹅对雄企鹅不理不睬，独走前方，雄企鹅只好舍命尾随其后，求得谅解和欢心。在舞蹈中，女伴转身背对男伴，表示不高兴；男伴随即跳至女方面前，表示讨好。

四、拉丁舞音乐特点

（一）伦巴舞音乐特点

伦巴的节奏为 4/4 拍，每分钟 27—29 小节，每小节四拍。乐曲旋律的特点是强拍落在每小节的第四拍，舞步从第四拍起跳，由一个慢步和两个快步组成，四拍走三步，慢步占二拍（第四拍和下一小节的第一拍），快步各占一拍（第二拍和第三拍）。胯部摆动三次，胯部动作是由控制重心的一脚向另一脚移动而形成向两侧做"∞"型摆动，具有舒展优美、婀娜多姿、柔媚抒情的特点。

（二）恰恰恰的音乐特点

恰恰恰音乐的原创精神，应是充满热情的，并加有断音奏法，使舞者能够制造出"顽皮般"的气氛。恰恰恰是所有拉丁舞中最受欢迎的舞蹈，音乐很容易辨认，旋律音符通常是短音或是跳音。音乐节拍为 4／4 拍，有时 2／4 拍。每小节四拍，强拍落在第一拍，四拍走五步，包括两个慢步和三个快步。第一步踏在第二拍，时间值占一拍；第二步占一拍，第三、四两步各占半拍；第五步占一拍，踏在舞曲的第一拍上。胯部每小节向两侧摆动六次。虽然恰恰恰曲子经常演奏着每分钟 34 小节的节奏，其实最理想的节拍是每分钟 32 小节。节拍数法有："慢，慢，快快,慢""踏,踏,恰恰恰"和"2,3,4&,1",所有的舞步都是这种数法。

第二单元 拉丁舞——伦巴舞

一、拉丁舞的握持姿势
(一)闭式舞姿

男、女舞伴相对而立,身体稍前倾,头正直,两眼平视前方(多数时候是看着舞伴),男伴重心在右脚,女伴重心在左脚,另一脚脚掌内侧着地。男伴左手和女伴右手相握,女伴右手虎口张开,四指并拢轻挂在男伴左手虎口上,环握男伴左手大拇指根部,男伴左手四指轻握女伴右手掌背部,举放在左肩旁,上臂略向内合,小臂与上臂约成90度角,右手伸扶在女伴左肩与臂相连接处,肘部平抬并使手臂呈弧形。女伴将左臂轻置于男伴右臂上,左手虎口张开轻卡男伴三角肌处,掌心向下,形成松弛而协调的相互拥抱舞姿(图1)。

图 1

(二)开式舞姿

男女舞伴相对而立,不交手握抱,分离较远。或单手相拉,或双手相拉,或不拉手(图2、图3)。

图 2

图 3

（三）并行舞姿

在拉丁舞中，男女握抱交手而不贴身，相当于标准舞侧行位舞姿。在闭式舞姿的基础上，男女舞伴分别向左向右转体90度，两脚一前一后，相握的手向前平伸，形成并列行进的态势（图4）。

（四）影位舞姿

女伴在男伴的前方偏右或偏左位置，并靠近男伴，男伴就像女伴的影子一样。女伴居前偏右的是右影位，居前偏左的是左影位（图5）。

图 4

图 5

（五）扇形舞姿

女伴在男伴的左侧与男伴成直角，女伴的右手在男伴的左手中（图6）。

图 6

二、伦巴舞的基本步伐教学

（一）基本步

开始姿势：闭式舞姿，开立。男伴重心在左脚，女伴重心在右脚。

结束姿势：闭式舞姿。
男子舞步：

步数	1	2	3	4	5	6
拍数	2	3	4、1	2	3	4、1
脚位	左脚向前	重心回到右脚	左脚向侧	右脚向后	重心放回左脚	右脚向侧
转度	开始左转	左转1/8		继续左转	左转1/8	

女子舞步：

步数	1	2	3	4	5	6
拍数	2	3	4、1	2	3	4、1
脚位	右脚向后	重心放回左脚	右脚向侧	左脚向前	重心回到右脚	左脚向侧
转度	开始左转	左转1/8		继续左转	左转1/8	

动作要点：基本步是练习伦巴舞的基础，应重点练习。在练习时既可以采用闭式舞姿也可采用开式舞姿。基本步舞步第1—6步如图7—12所示。

图7

图8

图9

下篇 舞蹈类 | 171

图 10

图 11

图 12

（二）纽约步

开始姿势：开式舞姿，开立。男伴重心在右脚，女伴重心在左脚。

过程姿势：并肩舞姿。

结束舞姿：开式舞姿。

男子舞步：

步数	1	2	3	4	5	6
拍数	2	3	4、1	2	3	4、1
脚位	左脚向前	重心回到右脚	左脚后退向侧	右脚向前	重心回到左脚	右脚后退向侧
转度	右转1/4	保持方向	左转1/4	左转1/4	保持方向	右转1/4

女子舞步：

步数	1	2	3	4	5	6
拍数	2	3	4、1	2	3	4、1
脚位	右脚向前	重心回到左脚	右脚后退向侧	左脚向前	重心回到右脚	左脚后退向侧
转度	左转1/4	保持方向	右转1/4	右转1/4	保持方向	左转1/4

动作要点：纽约步 7—9 步重复 1—3 步动作。在舞步过程中，男女舞伴单手相握，在 3、6、9 步上换手。纽约步舞步的第 1、3、4、6 步动作如图 13—16 所示。

图 13

图 14

图 15

图 16

（三）定点转

开始姿势：开式舞姿，开立。男伴重心在右脚，女伴重心在左脚。
结束姿势：开式舞姿。

男子舞步：

步数	1	2	3	4	5	6
拍数	2	3	4、1	2	3	4、1
脚位	右脚向左前	两脚原地拧转，重心回右脚	右脚上步向侧	左脚向右前	两脚原地拧转，重心回左脚	左脚上步向侧
转度	左转1/4	右转1/2	左转1/4	左转1/4	左转1/2	右转1/4

女子舞步：

步数	1	2	3	4	5	6
拍数	2	3	4、1	2	3	4、1
脚位	左脚向右前	两脚原地拧转，重心放回左脚	左脚上步向侧	右脚向左前	两脚原地拧转，重心回到右脚	右脚上步向侧
转度	右转1/4	左转1/2	右转1/4	右转1/4	右转1/2	左转1/4

动作要点：定点转舞步过程中，男女舞伴在2、5步上分手，其他步数时男伴与女伴手相握。定点转舞步的第1—6步动作如图17—22所示。

图 17

图 18

图 19

图 20　　　　　　　　图 21　　　　　　　　图 22

（四）扇形步

开始姿势：开式舞姿（女伴左肩正对男伴成 90 度），并立。男伴重心在左脚，女伴重心在右脚。

结束姿势：扇形位。

男子舞步：

步数	1	2	3
拍数	2	3	4、1
脚位	右脚后退	右脚前进	左脚向左前迈步
转度			左转 1/8
舞姿	面向女伴左肩呈 90 度夹角	面向女伴左肩呈 90 度夹角	扇形舞姿

女子舞步：

步数	1	2	3
拍数	2	3	4、1
脚位	左脚稍屈	右脚前进同时以脚掌为轴左转	左脚左侧后退
转度		开始左转	左转 1/2
舞姿	左肩正对男伴正面呈 90 度夹角	左肩正对男伴正面呈 90 度夹角	扇形舞姿

动作要点：做该舞步时，男伴左手与女伴右手始终相握。扇形步舞步的第 1—3 步动作如图 23—25 所示。

图 23

图 24

图 25

（五）曲棍球步

开始姿势：扇形舞姿，开立。男伴重心在右脚，女伴重心在左脚。
结束姿势：开式舞姿。

男子舞步：

步数	1	2	3	4	5	6
拍数	2	3	4、1	2	3	4、1
脚位	左脚向前	重心回到右脚	左脚靠近右脚	右脚向后	重心放回左脚	右脚向前
转度				开始右转	右转 1/8	

女子舞步：

步数	1	2	3	4	5	6
拍数	2	3	4、1	2	3	4、1
脚位	右脚向前靠近左脚	左脚向前	右脚向前	左脚向前以脚掌为轴	右脚向前稍侧	左脚后退
转度				开始左转	左转 5/8	左转完成

动作要点：整个舞步过程中，男伴左手始终与女伴右手相握，在3、4步时男伴左手上举、肘上抬，女伴肘前顶、右手上举，形成一个方形窗口。在女伴左转身时，男伴左手在上向左推动帮助女伴转动。曲棍步舞步的第1—6步动作如图26—31所示。

图 26　　　　　　图 27　　　　　　图 28

图 29　　　　　　图 30　　　　　　图 31

（六）闭式扭臀转步

开始舞姿：闭式舞姿，开立。男伴重心在右脚，女伴重心在左脚。

结束舞姿：并行舞姿。

男子舞步：

步数	1	2	3
拍数	2	3	4、1
脚位	左脚向右前	重心回到右脚	左脚并向右脚
转度	稍右转	开始左转	回转到开始位

女子舞步：

步数	1	2	3
拍数	2	3	4、1
脚位	右脚向后	重心回到左脚并以脚掌为轴左转	右脚向前并以脚掌为轴右转
转度	以左脚掌为轴右转 1/2	左转 1/2	右转 1/4

动作要点：做该舞步时，由于女伴交替反身转动难度很大，所以，男伴左手握女伴右手，右手要扶在女伴背部帮助女伴转动，这样才能使动作顺利完成。闭式扭臀转步的第1—3步核心动作如图32—34所示。

图 32

图 33

图 34

（七）阿里曼娜舞步

开始姿势：扇形舞姿，开立。男伴重心在右脚，女伴重心在左脚。
结束姿势：开式舞姿。
男子舞步：

步数	1	2	3	4	5	6
拍数	2	3	4、1	2	3	4、1
脚位	左脚向前	重心在右脚	左脚并步	右脚向后	重心在左脚	右脚向侧
转度						左转 1/4

女子舞步：

步数	1	2	3	4	5	6
拍数	2	3	4、1	2	3	4、1
脚位	右脚向后	重心在左脚	右脚向前	左脚向前	重心在右脚	左脚向侧
转度			右转 1/8	以脚掌为轴右转	右转1周加 1/8	右转完成

动作要点：整个舞步过程中，第 1—3 步时男伴左手引导女伴靠近并右转，第 3—6 步时引导女伴做臂下右转。阿里曼娜舞步的第 1—6 动作如图 35—40 所示。

图 35

图 36

图 37

图 38

图 39

图 40

三、个人组合练习

原地时间步（4小节）→基本动作（4小节）→基本动作转90度（4小节）→前进走步→（3小节）→后退走步（2小节）→前进走步转体180度（2小节）→库克拉恰（4小节）→纽约步（3小节）→手接手（3小节）→定点转（3小节）。

四、初级套路练习

基本动作→扇形步→曲棍球步→前进走步→臂下→右转步→手接手（3小节）→定点转→阿里曼娜舞步→闭式扭臀转步，依次类推可循环进行。

第三单元　拉丁舞——恰恰恰

一、恰恰恰的基本步法教学

（一）前后锁步

注释：锁步是两拍三动，相当于恰恰 one，在第4拍、4拍半和第1拍上。

开始姿势：并肩舞姿，开立。男女伴重心都在右脚。

结束姿势：并肩舞姿。

男女舞步：

步数	前1	2	3	前4	5	6
拍数	4	&	1	4	&	1
脚位	左脚向前落在右脚正前方	右脚跟进锁步在左脚后外侧	右脚伸膝发力推出左脚向前	右脚后退落在左脚正后方	左脚后移锁步在右脚前外侧	左脚伸膝发力推出右脚向后
脚法	脚掌平面，膝盖略屈	双膝略屈，脚跟略提	两膝伸直，左脚跟着地偏左侧	脚掌着地，膝盖伸直	双膝微屈，全脚掌着地	两膝伸直，右脚跟着地偏右侧

前锁步动作如图 41—43 所示。

图 41　　　　　　　　图 42　　　　　　　　图 43

（二）基本舞步

开始姿势：闭式舞姿，开立。男伴重心在右脚，女伴重心在左脚。

结束姿势：闭式舞姿。

男子舞步：

步数	1	2	3—5	6	7	8—10
拍数	2	3	4 & 1	2	3	4 & 1
脚位	左脚向前	重心回右脚	向左追步	右脚向后	重心回左脚	向右追步
转度	开始左转		左转 1/8			左转 1/8

女子舞步：

步数	1	2	3—5	6	7	8—10
拍数	2	3	4 & 1	2	3	4 & 1
脚位	右脚向后	重心回左脚	向右追步	左脚向前	重心回右脚	向左追步
转度			左转 1/8	开始左转		左转 1/8

基本舞步动作如图 44—49 所示。

图 44

图 45

图 46

图 47

图 48

图 49

(三)纽约步

开始姿势：闭式舞姿，开立。男伴重心在右脚，女伴重心在左脚。

中间姿势：并肩舞姿。

结束姿势：开式舞姿。

男子舞步：

步数	1	2	3—5	6	7	8—10
拍数	2	3	4 & 1	2	3	4 & 1
脚位	左脚向右前	重心回右脚	向左追步	右脚向左前	重心回左脚	向右追步
转度	右转 1/4	开始左转	左转 1/4	左转 1/4	开始右转	右转 1/4

女子舞步：

步数	1	2	3—5	6	7	8—10
拍数	2	3	4 & 1	2	3	4 & 1
脚位	右脚向左前	重心回左脚	向右追步	左脚向右前	重心回右脚	向左追步
转度	左转 1/4	开始右转	右转 1/4	右转 1/4	开始左转	左转 1/4

动作要点：纽约步的第 11—15 步重复 1—5 步动作。在舞步过程中，男女舞伴单手相握，在 6、11 步上换手。纽约步舞步动作如图 50—55 所示。

图 50

图 51

图 52

图 53

图 54

图 55

（四）定点转

开始姿势：开式舞姿，开立。男伴重心在右脚，女伴重心在左脚。
结束姿势：开式舞姿。
男子舞步：

步数	1	2	3—5	6	7	8—10
拍数	2	& 3	4 & 1	2	& 3	4 & 1
脚位	左脚向右前	两脚原地拧转，重心从左脚回到右脚	左追步	右脚向左前	两脚原地拧转，重心从右脚回左脚	右追步
转度	右转 1/4	右转 1/2	右转 1/4	左转 1/4	左转 1/2	左转 1/4

女子舞步：

步数	1	2	3—5	6	7	8—10
拍数	2	& 3	4 & 1	2	& 3	4 & 1
脚位	右脚向左前	两脚原地拧转，重心在左脚	右追步	左脚向右前	两脚原地拧转，重心在右脚	左追步
转度	左转 1/4	左转 1/2	左转 1/4	右转 1/4	右转 1/2	右转 1/4

动作要点：定点转舞步过程中，1、2 步时男伴右脚和女伴左脚原地不动；6、7 步时男伴左脚和女伴右脚原地不动，男女舞伴在 2、7 步上分手，其他步数时男伴左手与女伴右手相握。定点转舞步动作如图 56—61 所示。

图 56

图 57

图 58

图 59

图 60

图 61

（五）扇形步

开始姿势：开式舞姿，并立。男伴重心在左脚，女伴重心在右脚。

结束姿势：扇形位。

男子舞步：

步数	1	2	3—5
拍数	2	& 3	4 & 1
脚位	右脚后退	左脚向左前迈步	右追步
转度			左转 1/8

女子舞步:

步数	1	2	3—5
拍数	2	& 3	4 & 1
脚位	右转左脚前进	右脚前进同时以脚掌为轴左转	左脚后退后锁步
转度	右转 1/4	开始左转	左转 1/2

动作要求:做该舞步时,男伴左手与女伴右手始终相握。

扇形步舞步动作如图 62—64 所示。

图 62

图 63

图 64

(六)曲棍球步

开始姿势:扇形舞姿,开立。男伴重心在右脚,女伴重心在左脚。

结束姿势:开式舞姿。

男子舞步:

步数	1	2	3—5	6	7	8—10
拍数	2	3	4 & 1	2	3	4 & 1
脚位	左脚向前	重心回右脚	原地步	右脚后退	左脚右前上步	右脚向前锁步
转度				开始右转	右转 1/8	

女子舞步：

步数	1	2	3—5	6	7	8—10
拍数	2	3	4 & 1	2	3	4 & 1
脚位	右脚向后靠近左脚	左脚向前	右脚向前锁步	左脚向前以掌为轴左转	右脚向后稍侧	左脚后退锁步
转度				开始左转	左转5/8	左转完成

动作要点：整个舞步过程中，男伴左手始终与女伴右手相握，在3—5步时男伴左手上举、肘上抬，女伴肘前顶、右手上举，形成一个方形窗口。在女伴左转身时，男伴左手在上向左推动帮助女伴转动。

曲棍球步舞步动作如图65—70所示。

图65

图66

图67

图68

图69

图70

(七)闭式扭臀步

开始姿势:闭式舞姿,开立。男伴重心在右脚,女伴重心在左脚。
结束姿势:并行舞姿。

男子舞步:

步数	1	2	3—5
拍数	2	3	4 & 1
脚位	左脚向右前	重心回到右脚	左追步(小步)
转度	稍右转	开始左转	回转到开始位

女子舞步:

步数	1	2	3—5
拍数	2	3	4 & 1
脚位	右脚向后	重心回到左脚	向右追步
转度	以左脚掌为轴右转 1/2	开始左转	左转 1/2

动作要点:做该舞步时,由于女伴交替反身转动难度很大,所以,男伴左手握女伴右手,右手要扶在女伴背部帮助女伴转动,这样才能使动作顺利完成。

闭式扭臀步舞步动作如图 71—74 所示。

图 71

图 72

图73　　　　　　　　图74

（八）手接手

开始姿势：开式舞姿，开立。男伴重心在右脚，女伴重心在左脚。

过程姿势：并肩舞姿。

结束姿势：开式舞姿。

男子舞步：

步数	1	2	3—5	6	7	8—10
拍数	2	3	4 & 1	2	3	4 & 1
脚位	右脚向后	重心放回左脚	右追步	左脚向后	重心回到右脚	左追步
转度	左转1/4	保持方向	右转1/4	右转1/4	保持方向	左转1/4

女子舞步：

步数	1	2	3—5	6	7	8—10
拍数	2	3	4 & 1	2	3	4 & 1
脚位	左脚向后	重心回到右脚	左追步	右脚向后	重心放回左脚	右追步
转度	右转1/4	保持方向	左转1/4	左转1/4	保持方向	右转1/4

动作要点：手接手 11—15 步重复 1—5 步动作。在舞步过程中，男女舞伴单手相握，在 1、6、11 步上换手。

手接手舞步动作如图 75—80 所示。

图 75

图 76

图 77

图 78

图 79

图 80

二、个人组合练习

恰恰恰并合步（4 小节）——基本动作（4 小节）——基本动作转 90 度（4 小节）——恰恰恰前进锁步（2 小节）——后退锁步（2 小节）——恰恰恰锁步转体 180 度（4 小节）——扭臀追步——旋转追步——古巴断步（2 小节）——Follow me（3 小节），依次类推可循环进行。

三、初级套路练习

恰恰恰闭式基本步——扇形步——曲棍球步——前进步——后退步——臂下右转步——肩对肩——定点转——纽约步转体 360 度（向右转）——纽约步转体 360 度（向左转）（女士有手臂动作）——纽约步——定点转——Follow me，依次类推可循环进行。

第四单元　拉丁舞创编原则及方法

拉丁舞套路创编和其他舞蹈一样是将单个动作按一定的时间、场地、范围、方向路线和音乐特点的要求，合理地连接起来，组成一套动作。然而成套动作的创编不是简单地将单个动作罗列在一起，而是遵循运动人体科学、美学法则和拉丁舞项目的运动规律，将单个动作有机地整合在一起。它是一项极富创造性的工作。掌握拉丁舞的创编技巧，需要根据不同的目的和任务、不同对象的特点等多个方面综合考虑。成套动作的创编主要分为个人成套动作和集体成套动作的创编两个方面。

一、个人成套动作的创编

个人成套动作是指选手为了训练、比赛和表演而创编的成套动作。一般分为基本类型动作组合（指定步法）和提高型动作组合。为了适应教学、训练、考试和比赛，通常为初级选手和一般水平的学生创编一些以基本技术和指定步法为主要内容的套路。在掌握了基本技术和指定步法以后，为了适应更高组别的比赛和表演，可以采用提高型动作组合，既在指定步法的基础上对动作进行创新，创造出竞技性和艺术性更强的动作组合来。

（一）创编的原则

拉丁舞属于表演性项目，其突出的特点就是展示舞蹈的美感，在创编成套动作时，必须遵循形式美这一法则。如整齐、有层次、有节奏、有对比、均衡、和谐、多样和统一等都是形式美的表现形式。在编排成套动作时，运用形式美的法则，对成套动作的难度分布、高潮的出现要有层次的布局，要灵活运用舞蹈动作的刚柔力度、节奏的处理、高低起伏和幅度大小等要素。

（二）动作的选择和编排

单个动作是构成组合或成套动作的基本要素。所以，创造、选评和确定单个动作是编排套路时首先要考虑的要素，这些动作基本可以体现该套动作的技术含量、难度和艺术价值。拉丁舞动作主要有一般动作、高难度动作、自创动作（高难度造型、腿的弹劈、强力旋转、下腰

等)。在编排成套动作时,要充分考虑整个套路的需要和选手的能力,首先确定成套动作的难度,然后再确定一般动作、高难度动作和自创动作的数量和类型。

(三)套路的创编

在套路创编时首先是对音乐素材的选择,选用的音乐必须符合该舞种的基本节奏和风格。为了丰富舞蹈的内涵,舞蹈编排者还可以在音乐的旋律和舞蹈运动节奏的处理上下工夫,根据各舞种的风格和音乐特点,处理好舞蹈运行中的动与静、动作幅度的大与小、舒缓与高潮等要素的关系,力求达到较好的视听效果。其次是单个动作的设计,成套动作中的单个动作必须用不同的方向、路线将它们贯穿起来,在编排时应对舞蹈的流向、舞步的行进距离、场地的大小等因素进行合理的编排。最后是对时间方面的掌握,创编套路的长短与时间长短有直接关系。

(四)套路的完善

套路编排初定之后,要对成套动作进行深加工,要全面地分析整套动作利用场地的情况,动作方向和路线是否合理,能否充分地展示动作,让裁判和观众能非常清楚地看到选手的表现;动作的连接是否合理、流畅、自然,舞蹈节奏的变化是否明显,能否有较强的艺术感染力,高难度动作的数量及其分布是否合理,整套动作是否有创新,体现出独特的风格,让人过目不忘。这一阶段,创编者应组织舞蹈选手进行反复演练,对不足之处应反复推敲、修改,以达到舞蹈内容和艺术形式上的完美统一。

二、集体成套动作的创编

团体舞的创编则是通过许多舞步的组合,将表演者进行各种队列变换,组合出丰富多样的队形和图案来。

(一)成套动作风格的设计与制订

动作风格能充分体现运动员的个性及整体的特点。主要包含运动员的表现形式、技术特点及完成动作质量等。在设计与制订风格时,要进行综合分析,在独创的基础上扬长避短,创造出鲜明的个性,形成独特的风格。

(二)套路的创编

套路创编要注意以下几点:(1)单个动作或组合动作之间的衔接。

要掌握动作自身的规律，研究动作之间的渊源关系；(2)要注意动作之间的对比。动作的强弱、快慢、抑扬、松紧、起伏、开合等的对比，强烈的动作之前要有松弛的过程，大幅度的动作之前要有小幅度动作的陪衬等；(3)注意扬长避短。避短主要是避体形和能力之短，比如全队的身高偏矮、形象一般，则应采取编排紧凑、动力性连接动作多、动作速率快的舞蹈。通过出神入化的队形变化及和谐的整体配合，形成连绵不断的神奇效果，给人以变化中的过程美、瞬间美及技术的娴熟美。相反，如果身材好、容貌好，就应以优美舒展的动作，结合鲜明的层次，以显示动作线条的伸展、流畅，可通过依次造型的动作来展现个人及全队的身材美、容貌美；(4)队形的设计与编排。队形的变化构成了团体舞独特的编排特点，编舞者要掌握各类队形的不同特点与动作的相互关系，使"动""静"交相辉映，各种队形精彩纷呈，使成套动作展现出生动性和完整性。设计队形时必须与动作的点、线、面相结合，必须与风格、音乐情绪协调一致，必须兼顾男女运动员服饰色彩的搭配，使之起到相互衬托的作用，使队形变换醒目。队形的编排要充分利用场地，注意队形的纵深变化和伸缩的幅度及垂直面上不同层次的高低变化，使空间结构充实饱满，产生引人入胜的神奇效果。

（刘巧玲）

剑 舞

第一单元 剑舞的简介及其历史文化

一、剑舞的简介

中国古典剑舞是随着中国古典舞身韵教学的建立而展开的,继承和发扬中国古典传统艺术精神,以中国戏曲和武术作为民族美学基础,追求经典的审美情趣与品格。

目前,中国古典舞剑舞得以改进、创新,再次作为独立的表现形式走上舞台。剑舞中轻快敏捷的身法特点与徒手身韵中的拧、倾、圆、曲的形态特征和满、赶、闪、顿的节奏处理,以及平圆、立圆、八字圆的运动轨迹都有相通的共性特点。剑舞的飘逸轻灵、刚劲稳健等特点对肢体、精神气质和心理状态的训练有着强化作用。作为中国传统文化的一个支撑点,中国古典剑舞拥有独特的审美文化特性。几十年里,对其教学实践从未间断过。如今,经过几代人对剑舞教学不断地实践摸索,并向传统深入学习、提炼、吸收经验,剑舞的文化内涵得到了更进一步的丰富和发展。

我校是上海市体育传统项目学校,主要有篮球、乒乓球等传统项目。为贯彻二期课改精神,我校开设了新型的拓展性课程"剑舞"。为此,我校已经进行了有关的教学实践与探索,并取得了较为良好的效果。

"剑舞"这一体育拓展型课程的实践与研究,是针对当前体育教育中的弊端与不足,对高中,特别是高中女生的体育教育进行的一种探索性研究。通过这种传统与现代、中华民族文化与西方健身理念相结合的新型体育运动形式,最大限度地提高学生参与体育健身的积极性,帮助她们克服羞怯感等女生特有的心理因素，提高她们的审美意识与审美能力，培养她们的民族观念与民族精神，从而达到由身体健康到心理健康、思想健康和综合成长之目的。

二、剑舞的历史文化

根据史料记载，剑创始自轩辕黄帝时代。据唐人王瓘《广黄帝本行记》中有"轩辕帝采首山之铜铸剑，以天文古字铭其上"的记载；又据《管子·地数篇》亦云："昔葛天卢之山，发而出金，蚩尤受而制之，以为剑铠，此剑之始也。"随着剑的发展随即产生了剑术，在春秋战国时期，出于战争的需要，剑术得到很大的发展。剑始于兵器，在使用过程中逐渐形成了带有规律性的攻防技击的剑术，而剑舞是伴随着剑术的产生而出现的。在《孔子家语》记载中，子路曾身着军服，去拜见老师孔子，并在孔子面前拔剑而舞。《孔子家语》是三国魏人王肃杂取先秦典籍成编的，所记述的事情有虚有实，若上述并非杜撰的话，那么剑舞最早应出现在春秋时期。这是剑术一种"舞练"的运动形式，还没有成为真正意义上的剑舞。

成语接龙：

项庄舞剑——

秦代末年，剑舞已经作为舞蹈形式出现在一定的社交场合了，"宴乐必舞""乐饮酒酣必自起舞"的习俗也常常出现在宴会上。楚汉相争时的"鸿门宴"，项庄舞剑不是纯粹的艺术表演而是暗藏杀机，实际上是古代宴乐式里的"武舞"，里面有"舞"的成分，但其目的是刺杀，此时的项庄舞剑已有了一定的性格特征。

到了西汉，剑正式作为舞具，进入到了艺术表演领域，实用价值降低，艺术性和舞蹈性增强了。在出土的汉画像上有长剑独舞或击剑对舞的画面，从春秋至汉代，无论是武将还是文人墨客都舞剑，可见剑舞在那时是很流行的。剑舞的发展与剑自身在战争中实用价值降低和礼仪作用的提升有直接关系，另外，剑外观别致的造型也为其成为舞具奠定了物质基础。在剑器的形制本体上可以找到雕刻美、线条美、锻造美、工艺美，还能找到传统书法的影子。所以剑经过从古至今几千年的文化积淀，具备了很高的艺术价值，所以剑舞是集多种美学因素于一身的综合艺术。舞者舞剑不仅运用了剑形的便利，还赋予了美感，彰显出

下篇 舞蹈类

中国人崇尚匀称中正之美,所以剑舞在歌舞盛行的唐代达到了高峰。

唐代是整个舞蹈发展的黄金时期,当然剑舞也如此。文人、武将、妇女、道家,擅长剑舞的大有人在。在这一时期出现了很多优秀的剑舞表演艺术家,如诗人李白"少年学剑术",经常"酒酣舞长剑""三杯拔剑舞龙泉"。此为古代文人持剑而舞的代表,代表着一群心怀满志,以剑为载体宣泄内心情感的文人们。除此之外还有公孙大娘,在八千梨园弟子中,她表演《剑器》时翻腾敏健、流畅优美,号称第一。

> **你知道吗?**
>
> 请列举同样喜爱剑舞的诗人。

唐代的《剑器》,基本上是单纯表现舞蹈技艺的,到了宋代的《剑器队》却有意识地向具有故事性转化,这时的舞蹈已明显由"情绪"向"情节"转化,从舞蹈意义上讲的剑舞基本从艺术舞台上销声匿迹了。到了元代,异族入主中原,禁止民间私藏军器,而且那时普遍带刀不带剑,自然也就谈不到剑舞了。使剑舞艺术重放光彩的,是明清戏曲舞蹈,其中剑舞是重要的组成部分。从新中国成立以后,剑舞艺术进入了新的发展时期。京剧大师梅兰芳借鉴太极剑创造了《霸王别姬》中的双剑舞,将凌厉的真招实式化为纯粹艺术化的虚拟动作,从而为剑舞艺术的发展独辟蹊径。

剑舞是中国舞蹈史上的一颗明珠,中国古代社会的剑舞创造了相当的辉煌,在新中国成立之后,剑舞在梅兰芳、叶圣兰等戏曲名家的发展下发扬光大,后经舞蹈工作者的不断探索,在古典舞身韵诞生后进入了一个新的高度,其本身所蕴含的文化内涵必定使其在艺术领域中大放异彩。

剑舞从无到有,从独立发展到与其他艺术形式相融合,在不同的历史时期,不同的存在环境中都具有不同的文化体现。剑舞不只是对一种艺术形式的认识,更可以从剑舞的学习与研究中认识各种社会形态与历史文化,因而在文学、艺术、审美上都具有一定的意义与价值。

第二单元　剑舞规定套路

剑舞套路:
配乐:《中国功夫》
动作名称:

（一）起势　　　　　　　　　　（二）上指点剑
（三）并步刺剑　　　　　　　　（四）直臂后撩剑
（五）退步压剑　　　　　　　　（六）敦煌托剑
（七）上下举剑　　　　　　　　（八）后点地上刺剑
（九）行步举剑　　　　　　　　（十）歇步立剑
（十一）并步反撩剑　　　　　　（十二）俯身扫剑
（十三）并步下截剑　　　　　　（十四）碎步反撩剑
（十五）弓步下刺剑　　　　　　（十六）仆步下截剑
（十七）弓步刺剑　　　　　　　（十八）丁步藏剑
（十九）左右行步平带　　　　　（二十）抛剑扣腿平衡
（二一）并步抱剑　　　　　　　（二二）剑藏腰间亮指
（二三）碎步背剑　　　　　　　（二四）侧平举藏剑
（二五）叉步背剑　　　　　　　（二六）云剑转身马步剑
（二七）并步上刺剑　　　　　　（二八）前点下刺剑
（二九）向左并步刺剑　　　　　（三十）马步立剑
（三一）并步右胸前立剑　　　　（三二）左右错步带剑
（三三）脚前点转身举剑　　　　（三四）脚交叉半蹲藏剑
（三五）脚后点直立举剑　　　　（三六）丁步腰间藏剑
（三七）右弓步带剑　　　　　　（三八）云剑丁步下截剑
（三九）跳起半蹲下刺剑　　　　（四十）后叉步撩剑
（四一）退步劈剑　　　　　　　（四二）歇步藏剑
（四三）提膝穿剑　　　　　　　（四四）仆步穿剑
（四五）虚步下刺剑　　　　　　（四六）退步下蹲后扫剑

下篇 舞蹈类 197

（四七）并步腰间藏剑　　（四八）四周侧点平刺剑
（四九）上下左右砍剑　　（五十）后转点步击剑
（五一）行步推掌藏剑　　（五二）并步抖腕佩剑
（五三）弓步佩剑手臂前推　（五四）并步佩剑手臂上举
（五五）一字步胸前横剑　　（五六）前点步背剑
（五七）后叉步背剑　　　（五八）并步带臂
（五九）上举横剑　　　　（六十）俯背佩剑
（六一）并步撩剑　　　　（六二）左右弹膝撩剑
（六三）上步接剑　　　　（六四）弹腿后刺剑
（六五）并步上举剑　　　（六六）收势

动作图解说明：

起势

上指点剑

右手握柄点剑，左手叉腰，低头、沉肩、挺胸、收腹、立腰，左脚脚尖前点重心在右脚上；并步抬头，左臂上举左手剑指，身体保持正直。

并步刺剑

直臂后撩剑

向左转体90度并步,胸前直臂刺剑,力达剑尖;左手向左直臂剑指,右手向后撩剑,眼看剑指,胸向正前方。

退步压剑

敦煌托剑

右脚向后退,前脚掌着地,重心在前脚。抬头、挺胸,双臂斜向下,右手压剑,双手手背朝上;后脚向右成敦煌舞步,右手托剑略高于肩,左手剑指,掌心朝上。

下篇 舞蹈类　199

　　　上下举剑

　　后点地上刺剑

　　托剑上举，双手斜上举，掌心朝上，半蹲成敦煌舞姿，重复三次；右脚后点地，手臂经下，双手握剑直臂向上刺剑，眼看正前方。

　　　行步举剑

　　　歇步立剑

　　眼看上方，上臂上举，以身体为中心，右脚做两圈弧形步；到达原点时左脚在前交叉，蹲成歇步，剑立左肩前。

并步反撩剑

俯身扫剑

直立并步，手臂经下，右手斜上方反撩剑，左手剑指斜下方，眼看剑尖；俯身、直臂、腿直，由下经上，全蹲扫剑一周。

并步下截剑

碎步反撩剑

直立、并步，右手经左腰前向右下方截剑，左手剑指斜上举；转向左侧直立，向后碎步，双臂向后绕环交替三次。

下篇 舞蹈类

弓步下刺剑

仆步下截剑

右脚向后退一步成弓步，剑由上向后下方刺剑，左手向后掌心朝上，挺胸抬头目视前方；反肩转胯成仆步，穿剑下截，左手斜上举掌心朝前，目视剑尖。

弓步刺剑

丁步藏剑

转髋收剑于腰间，右弓步刺剑，力达剑尖，左手直臂上架，掌心朝上；蹬地收左脚，剑藏于腰旁。

左右行步平带　　　　　　　　抛剑扣腿平衡

剑朝右下方刺出，左脚启动走三步，第四步成丁步截剑再朝右走，动作同前；直立抛剑，接剑时，下蹲双臂由右、前、左、上到胸前立剑和扣腿平衡。

并步抱剑　　　　　　　　剑藏腰间亮指

左脚向前并步，双手胸前抱剑目视前方；右脚向后一步直立并步，左手握剑藏于腰间，右手经下抖腕亮指。

碎步背剑　　　　　　　　侧平举藏剑

右脚启动向后碎步，双臂向后绕环交替三次；左脚向左跨立，双手侧平举，剑藏左臂后。

叉步背剑　　　　　　　　云剑转身马步剑

右脚启动成左叉步，左手背剑斜上举，右手剑指经下至腋窝；右脚开立，左脚在右脚前交叉转身一周云剑成马步胸前立剑。

并步上刺剑　　　　　　　前点下刺剑

收左脚并步直立上刺剑，左手经胸前向左侧推指；左脚前点向右侧下刺剑。

向左并步刺剑　　　　　　马步立剑

左脚向左转身并步向前刺剑左手剑指护腕；右脚跨步转身正前方成马步，双手侧平举立剑。

并步右胸前立剑

左右错步带剑

收右脚并步直立，左胸前抱立剑；右脚在左脚前走成错步，双臂于左胸前带剑。

脚前点转身举剑

脚交叉半蹲藏剑

左脚跨在右脚前交叉转身一周，双手头顶交叉，右手向上举剑，左手伸向斜下方，目视剑尖，挺胸、收腹，重心在前脚上；半蹲低头、含胸、拔背，剑收腰间。

脚后点直立举剑　　　　　　丁步腰间藏剑

后脚点地头顶举剑，左手伸向左斜下方，要求挺出胸腰；收右脚成丁步，左腰间藏剑，左手肘关节弯曲平抬于肩高。

右弓步带剑　　　　　　云剑丁步下截剑

右脚向右成弓步带剑，眼看剑尖，左手展退侧，手背朝上；头顶云剑成丁步下截剑，左手斜上举。

跳起半蹲下刺剑　　　　　　后叉步撩剑

左脚向左侧跳，成半蹲脚并拢，下刺剑；右脚向左退成左后叉步，剑向右斜上方撩剑，左手在腋窝处。

退步劈剑　　　　　　歇步藏剑

左脚后退，右手向右侧劈剑，力达剑刃，左手反肩后提；脚原地全蹲成歇步，剑藏右腰旁，左手经腰部推指，力达掌根。

提膝穿剑　　　　　　仆步穿剑

左转90度面向正前，提膝穿剑，目视剑尖，左手藏于腋下；左脚向左侧成仆步。

虚步下刺剑

退步下蹲后扫剑

收右脚并步，剑至腰间成右虚步下刺剑；右脚向右侧退两步，左脚交叉，剑朝右后方下蹬扫剑一周，目视剑尖，左手斜上举，掌心朝上。

并步腰间藏剑

四周侧点平刺剑

收右脚并步，双手体前交叉至头顶分至腰间；出右脚刺剑，收右脚剑藏腰间分别至四个方向一周，左手上举掌心朝前，再反方向一周但剑上举，左手推收。

下篇　舞蹈类　　209

　　　上下左右砍剑　　　　　　　后转点步击剑

　　双手握剑向左上方。向右上方、左下方、右下方砍剑，右脚走"V"字步并弹膝；向右转身180度，双手握剑，手腕发力点剑，右脚点地三次。

　　　行步推掌藏剑　　　　　　　并步抖腕佩剑

　　右手握剑向下后方藏剑，左手胸前前推以自己为原点弧形步一周，眼看剑指方向；然后做并步反撩剑、俯身扫剑、并步下截剑、碎步反撩剑，左脚上步，并步直立面朝正前方，左手接剑佩于腰间，右手抖腕亮指，手背朝前。

弓步佩剑手臂前推

并步佩剑手臂上举

右脚提膝直立，左手握剑斜上举，右手贴于腰间，右脚向后成前弓步，右手剑指前推，左手握剑佩剑腰间；右手经头顶轮臂收腰间，身体转向右侧成马步，再上举直立并步，左手握剑佩于腰间。

一字步胸前横剑

前点步背剑

右手经下，曲臂在肩前，左手握剑经下，曲臂在胸前横剑，左脚向前跨步，右脚并步；左手背剑，双手经下前推至胸前重复一次，脚跟着地左右前点各一次。

后叉步背剑　　　　　　　并步带臂

右脚向右侧退步，后脚尖点地，重心在左脚上，面朝左侧，右手朝左带臂，左手直臂背剑；并步直立，面朝正前方，右手平带到右侧，左手不变。

上举横剑　　　　　　　　俯背佩剑

直立，双手上举剑横左方；右手剑指由上至下绕环两周接左手的剑，左手佩剑腰间。

并步撩剑

左右弹膝撩剑

双手经左下方向右后方撩剑，左手后提指左斜下方；左脚向左、右侧跨步弹膝并步，右手向左和右上方撩剑，目视剑尖。

上步接剑

弹腿后刺剑

右脚向左侧上步，剑收右腰旁，左手护剑，眼看剑柄；左脚弹腿，脚尖绷直，身体后仰，右手向左刺剑，左手侧平举。

并步上举剑	收势

剑、手各左右后撩上举，收右脚直立并步；收势成右手前点剑，左手叉腰，左脚前点地，低头。

第三单元　剑舞的欣赏

中国古典舞剑舞经过几十年的建构与发展，逐渐拥有了舞蹈语言表现的独立性、民族的风格性、审美的独特性及教学体系的系统性。剑舞遵循"以身带剑、以剑练身"的教学目的不断地进行探索，更进一步地完善自身的建构，以弘扬中国古典文化精神，提升中国传统舞蹈艺术的表现力。

我们认为，剑舞的审美特性主要体现在：形态美、流动美、节奏美、气质美、意境美五个方面。剑的自然属性（质、形、声）到组合编排规律（节奏、韵律、身法等）构成了富有中国古典传

统意味的美学特征。

一、形态美

形态美包含舞姿造型美和飞动之美，形美而势正，剑舞运用其形态动势变幻出无限的意象，给人意犹未尽的意味。剑舞的舞姿主要是相对于流动舞姿而言的静态舞姿造型，突出了剑舞形态、品格和神韵的民族审美风格特征。剑舞动作中的典型舞姿在剑与身的结构变化中越来越形象，其中的凝静定神之美更是令人心旷神怡，不同的意象所组成的意境之美可以说是只可意会不可言传。剑舞在空间运动中由各种舞姿动作与动势连接构成飞动之美。从空间层次出发，舞姿造型可分为低姿态舞姿、中姿态舞姿及高姿态舞姿和空中的舞姿造型。低姿态舞姿包括坐、跪的典型舞姿，如卧鱼崩剑、单跪抱剑等；中姿态舞姿主要是蹲，如端腿蹲刺剑、弓步点剑等；高姿态的舞姿包含身体的立，如丁字步持剑、探海崩剑等；空中的舞姿就是在空中短暂的定势造型，如摆莲刺剑等。一套剑舞组合总是由许多动作有机衔接组成的，动与静不断交替出现。这种优美的舞姿造型不仅给观众以美的欣赏，而且舞者在完成动作之后，也会油然而生一种心满意足的高昂情绪，得到美的享受和体验。

二、流动美

舞蹈真正的生命在于运动的过程，更讲究过程的美，人们常用"龙飞凤舞""行云流水"等词语形容和赞赏中国古典舞，这些形象化的描述，实际上离不开运动中的"游"和"圆"两个特征，而剑舞恰是这两者的具体反映，在实际编创、演练中如何把握"圆"的空间美和"游"的流动美是关键。"圆"，含有圆满、圆通、圆融、圆合、圆润等多种含义。这一审美主要源于中国传统哲学中阴阳、虚实、内外、形神等多方面内容的统一而形成的圆合之境，其中深刻蕴含着儒、道文化的审美思想。在吸收各类剑法的同时，剑舞坚持"为我所用，为舞所求"原则，突出圆游意识。"圆曲相照"使剑舞的动作与造型、节奏、韵律、路线构成一种

有机的合成体,共同体现出中国古典舞动作"万变不离其圆"的总体面貌和川流不息的流动美感。

三、节奏美

剑舞中蕴含着无穷无尽的动态之美,其动态节奏鲜明而多变。剑舞不只包含身法韵律节奏,还包含着剑自身的节奏韵律,因为剑本身的动作节奏、韵律,突出的是表情功能,不同频率、强度的动作节奏和韵律引起人们情绪上的昂扬、低沉、喜悦、悲伤等,使得本无感情因素的外物带上了感情意味。剑舞由技击的攻防意识带出了千变万化的身法,使得动作的节奏处理上升为艺术语言的节奏美、韵律美,从中可以看出,剑舞中的节奏除了体现动与静,还有轻与重、快与慢、起与伏、长与短的韵律变化。这种鲜明的节奏变化与中国古典舞节奏变化是一致的。在整个组合或剑舞中往往有重有轻,如同歌曲旋律中的重拍、弱拍一样,时重时轻,使节奏更加悠扬。如跺泥、刺剑等动作力沉千钧;而弧形步、搅剑、"燕子抄水"则要轻巧,犹如风飘柳絮。剑舞的节奏多变性折射出了中国古典传统美学的运动规律。

四、气质美

剑舞从形体美升华为气质美。外在形体美是内在气质美的外化形式,气质美中蕴含着气节和气韵。在剑舞舞动时,内在气质之美可以幻化出一种剑气之势,剑韵之神。

舞者经过系统的剑舞学

习训练，将剑法的犀利之风和灵巧多变的身法相融合，对身体和心理产生一种微妙的变化，无形之中达到一种气质美，并由柔弱变刚强，懦弱变勇敢。剑舞常常通过撑、拔、展、绷、勾等要求使身体的各部位表现出刚健的姿态，柔中有刚，凸显出中正之风，犹如书法家的字写得既匀净齐正，又遒劲有力，最终达到身剑合一、神剑合一，从而完成从形美到气质美的升华。

五、意境美

剑舞也重视追求意境之美。意境之美就是要创造出一种"出神入化"的意象，使观赏者"忘情"，使舞者"忘我"，从"物我两忘"到"物我同一"，在变化中达到身剑的和谐统一，给人一种意犹未尽的无限回味和遐想。剑舞者在舞动过程中要达到身心合一、身剑合一、天人合一的境界，舞出自己内在的精神气质并融入自己的思想感情，去营造出一种虚幻缥缈的意境之美，逐步达到以剑练身、以剑载道、以剑演道、以剑悟道的四个层面。当剑舞到达一定的境界时，不再只是单纯的舞剑，

而是舞出一种意境或者说是一种情绪,以剑传情、以剑舞道。

剑舞之美有其深层的内涵,它融入了儒家的文雅庄重和道家天人合一的自然之道,此乃剑舞美学价值的突出体现。剑舞审美文化今后仍要不断地融入教学和舞台实践中去,以此来深化学科发展的内涵。在学习剑舞的过程中,学生的心理健康水平得到提高,同时,学生的审美意识、审美能力、对东西文化差异的理解以及人文精神等,也得到了很好的培养和提高。同时,在剑舞的传习中融入民族传统体育内涵,既能有效地增强学生体质,提高学生身心健康水平,又能弘扬民族文化,从小培养学生的民族意识、民族精神和爱国情怀。

(袁　俊)

太极拳篇

太 极 拳

第一单元　太极拳简介及特点

一、太极拳简介

太极拳，国家级非物质文化遗产，是以中国传统儒、道哲学中的太极、阴阳辨证理念为核心思想，集颐养性情、强身健体、技击对抗等多种功能为一体，结合易学的阴阳五行之变化，中医经络学，古代的导引术和吐纳术形成的一种内外兼修、柔和、缓慢、轻灵、刚柔相济的汉族传统拳术。

1949年后，太极拳被国家体委统一改编作为强身健体之体操运动、表演、体育比赛用途。中国改革开放后，部分还原本来面貌，从而再分为比武用的太极拳、体操运动用的太极操和太极推手。传统太极拳门派众多，常见的太极拳流派有陈式、杨式、武式、吴式、孙式、和式等派别，各派既有传承关系，相互借鉴，也各有自己的特点，呈百花齐放之态。由于太极拳是近代形成的拳种，流派众多，群众基础广泛，因此是中国武术拳种中非常具有生命力的一支。

二、复旦中学太极拳

复旦中学在陈式太极拳的基础上改编套路，同时也将其纳入体育教学内容之中，学习太极拳能让学生终身受益。正确的技术动作每招每式都是优美独特的艺术造型，强筋健骨。一旦能熟练掌握，就会欲罢不能，而且能够带动周围，四面受益。学生学习太极拳也能够发扬中华民族所特有的文化遗产，弘扬民族精神。中华武术源远流长，太极拳也是最好的体现。

三、太极拳特点

太极拳是我们祖先在长期生活实践中创造和逐渐发展起来的一种优秀拳种。学习太极拳时从一开始就要掌握太极拳的一些特点，然后在这个基础上向前发展，这样才能学有所成，学有所获。

（一）意气支配

练拳时"以心行气"，一举一动均要用意不用力，先意动而后行动，练久之后气才能收敛入骨。因此可以说太极拳是一种意气运动，以气运身，用意不用拙力。

（二）身肢放长

虚领顶劲和气沉丹田是身躯放长；含胸塌腰是以胸部作支柱把腰部向下松开拉伸放长；沉肩坠肘是手臂放长；松腰松胯和开裆屈膝，并使腿部得以圆活旋转，是腿部在这种特定姿势下放长的结果。所以太极拳的步法必须在圆裆松腰和开裆屈膝的姿势下用旋踝转腿来倒换虚实。外表看，是腿的缠丝劲的表现，其实内部促进了腿的放长。

（三）顺逆缠丝

缠绕的过程中伸缩四肢同样会产生一种螺旋的形象，不论开展的大动作或紧凑的小动作，千万不可离开这种对立统一的太极劲。练习纯熟之后，这种缠丝圈就越练越小，达到有圈不见圈的境界，到那时就纯以意知了，练成紧凑不见圈的纯熟功夫，所以顺逆缠丝对立统一的螺旋运动就成为太极拳的第三个特点。

（四）立身中正，上下相随

太极拳的所有动作都必须分清虚实。动作能分清虚实的转换，就可耐久不疲，这是最经济的一种动力活动。因此，练陈氏太极拳时双手要有虚实，双足也要有虚实，尤其重要的是左手和左足、右手和右足要上下相随地分清虚实，也就是说，左手实（在做向下的动作时）则左足应虚，右侧相反。这是调节内劲使之保持中正的中心环节。此外，形成落点的虚中要有实，实中要有虚，从而处处总有此一虚一实，使内劲处处达到中正不偏。初学时，动作可以大虚大实，以后逐步练成小虚小实，最后达到内换虚实而外不见的境界，这是调整虚实的最深功夫。

（五）相连不断，滔滔不绝

太极拳的运动不是以某一个动作的运动为满足，而是要求再练习一趟拳架时，一气呵成，内劲不断，这是加大运动量的最好方法。具体为：在手法上遇到往复时，要相进折叠，才意和劲。当然，这是在缠丝运动辅助下完成的。如果在发劲后出现了断劲现象，就要将发劲的余意连接下去，万一意断了，则要把神连接下去。为了做到这一点，劲要有折叠转换，动作要用意不用力，使收放统一的身法如长江大河之流水滔滔不绝。

（六）刚柔相济

太极拳的练习，首先要摧毁人们动作中的坚硬劲，使它柔化，是化柔的时期，这个时期越长，则就能彻底摧毁僵劲。此时的要点是：在柔软的基础上，向着更有弹性的刚劲发展，这个刚不是鼓劲而产生的僵劲的刚，而是由松开和放长而产生的富有弹性的刚。因为，肢体的放长，并不断地螺旋运动，就可产生这种刚劲。所谓"阴则柔，显则刚"就是这个原理。

第二单元　太极拳基本动作及套路

一、太极拳基本动作

（一）太极拳基本手型

1. 掌形

掌的做法：五指自然伸直微分，手指向掌心侧微曲不伸直，虎口撑圆，掌心内凹。

要求：掌要自然伸直，掌心为含空，形如荷叶状。

2. 拳形

拳的做法：四指自然卷曲，拇指扣于中指第二指节上，使拳面略呈螺旋面。

要求：拳面齐平略呈螺旋面，微微握紧，但不可僵硬。

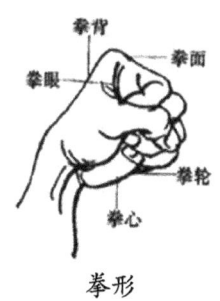

拳形

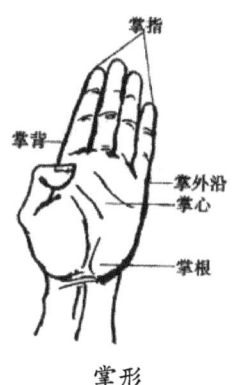

掌形

3. 勾形

勾的做法：五指第一指节自然捏拢，屈腕。

要求：掌心含空，五指不可用力。

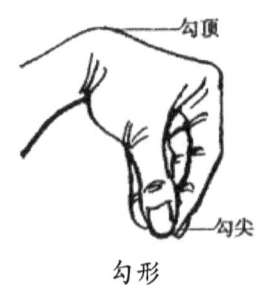

勾形

（二）太极拳基本手法

1. 掌法

（1）掤法

做法：在手臂全动之下掌心由内向外缠丝或者手臂由下向上运动称为掤劲，例如起势动作两臂上举，劲点在腕及小臂为掤。

要求：凡上掤时两肩松沉，身体微微下沉，形成上下的对向用力。

（2）捋法

做法：在手臂全动之下掌心由外向内缠丝称为捋劲，例如起势起手后，由外向内边缠丝边向右带。也可以向下做捋，方向不定。

要求：边缠丝旋转边做弧形移动。

（3）挤法

做法：一掌心向上，另一掌心向下扶于其腕，弧形平圆前伸。

要求：划弧前挤。

（4）按法

做法：单手或双手自上向下为下按，自后经下向前弧形推出为前按。例如如封似闭，两掌由上向下按。

要求：两臂不可伸直，身体带动两掌下按，意在掌跟。

（5）云手

做法：两掌弧行经体前上下前后交替划圆。

要求：两臂松沉不可僵硬，以腰带臂。两腕内外旋翻手腕，高不过眼低不过腹。

（6）穿手

做法：一手俯掌下压，另一掌经其掌上前伸，或侧掌沿体前腿内侧穿伸，指尖与穿伸方向相同。

要求：转腰送手，力达指尖。

（7）搂手

做法：一掌经侧脸颊外旋向下划弧。

要求：臂有缠丝劲力，在旋腰转脊带动下完成。

2. 拳法

（1）平冲拳

做法：拳自腰间用平拳或立拳向前打出。

要求：利用周身合力，力达拳面，臂微屈，沉肩坠肘。

（2）双贯拳

做法：双拳经两侧臂内旋向前弧行，两拳眼相对合击。

要求：两肩下沉，臂呈弧形，拳眼与耳同高，松腰送臂。

（三）太极拳基本步型

1. 弓步

做法：前腿全脚着地屈膝前弓，另一腿自然弯曲蹬伸。

要求：后腿弯曲，保持开胯圆裆。

2. 虚步

虚步

做法：一腿屈膝支持，另一脚脚尖虚点地，或脚跟虚着地。

要求：脚尖朝前或微外撇，虚实分明。

弓步

3. 开立步

做法：两脚开立，膝微屈，两脚尖朝前。

要求：身体正直，开步宽不过肩。

4. 仆步

做法：一腿屈膝全蹲，另一腿自然伸直。

要求：两脚跟不可离地。

仆步

(四)太极拳基本步法

1. 上步

做法:后脚越过支撑腿脚内侧向前迈步。

要求:后脚跟内侧擦地弧形迈步。

2. 退步

做法:前脚越过支撑腿内侧向后退步。

要求:前脚跟内侧擦地弧形退步。

3. 碾步

做法:以脚掌或脚跟为轴转动。

要求:转动灵活。

第三单元　复旦中学太极拳套路

1. 起势

预备势

双脚开立

屈腿按掌

屈腿按掌(侧面)

动作要点:头颈正直,下颚微收。两肩下沉,两肘松垂,屈膝松腰。

2. 左右野马分鬃

收脚抱球

转体上步

弓步分手

动作要点：上体不可前俯后仰，两手分开要保持弧形，做弓步与分手速度一致。

3. 左揽雀尾（右揽雀尾动作相同，方向相反）

弓步掤臂 1

弓步掤臂 2

转体伸臂

转体搭手

动作要点：两臂保持弧形。两臂下捋时随腰旋转走弧线。向前挤时上体正直。向前按出，两手走曲线，手腕达于肩平，两肘微曲。

4. 单鞭

转体换臂

转体运臂

收脚勾手

弓步推掌

动作要点：右臂肘部稍向下垂，两肩下沉。翻掌不要太快。

5. 右提手

转体架掌

转体架掌2

动作要点：两脚虚实分明。

6. 白鹤亮翅

跟步抱球（侧面）

跟步抱球（正面）

虚步分手（侧面）

虚步分手（正面）

动作要点：胸部不要挺出，两臂上下保持半圆形。左膝微屈，身体重心后移和右手上提左手下按要同时进行。

7. 左右搂膝拗步

丁步托掌（背面）

丁步托掌（正面）

并步搂膝

弓步推掌

动作要点：推掌时沉肩垂肘，做腕舒掌，并与松腰弓腿协调一致
8. 左提手
动作要点：动作与右提手一致，方向相反。
9. 左右倒卷肱

转体撤手

退步卷肱

动作要点：前推手不要伸直，后撤手不可直向回抽。退步时，脚尖先着地，再慢慢踏实。

10. 高探马

虚步推掌

动作要点：上体自然正直，双肩下沉，右肘微下垂。

11. 右蹬脚

穿手上步（侧面）

穿手上步（正面）

跟步抱手

蹬脚撑臂

动作要点：两手分开时腕部与肩齐平。蹬脚时脚尖回勾，力点在脚跟，分手和蹬脚同时完成。

12. 左蹬脚

动作要点：与右蹬脚动作相同，方向相反。

13. 双峰贯耳

上步分掌

弓步贯拳

动作要点：头颈正直，松腰，两拳松握，沉肩垂肘，两臂均保持弧形。

14. 下势

划弧迈脚

仆步穿掌

动作要点：重心缓慢下降，两脚不离地。

15. 右金鸡独立

独立挑掌（左侧）

独立挑掌（右侧）

动作要点：独立腿微屈，右腿提起时脚尖自然下垂。

16. 左金鸡独立

动作要点：与右金鸡独立动作相同，方向相反。

17. 捋挤势

转体抹掌

并步搭手

弓步推手

动作要点：由捋变挤时，两掌边转边提，两手摆动不要超过身体。下捋手脚、前挤与弓步要做到一致。

18. 野马分鬃

提膝架掌

弓步出掌

上步撩掌

动作要点：保持躯干正直，上下动作协调一致，速度均匀。

19. 闪通臂

弓步架推

动作要点：左臂不要完全伸直，背部肌肉要伸展开。推掌、架掌和弓步动作协调一致。

20. 转身搬拦捶

并步握拳

摆步搬拳

转体收拳

弓步打拳

动作要点：右拳松握，前臂先慢慢内旋再收回，再外旋停于腰旁，拳心向上。向前打拳时，右肩随拳略向前引，沉肩垂肘，右臂微屈。

21. 如封似闭

穿手翻掌　　　　　　后坐收掌　　　　　　弓步按掌

动作要点：身体向后时避免后仰，两臂随身体收回时不要直接抽回，两手宽度不超过两肩。

22. 十字手

转体扣脚　　　　　　下蹲划弧　　　　　　收脚合抱

动作要点：两手分开和合抱时上体不要前俯，站起后身体正直，头微上顶，下颚稍收。

23. 收势

翻掌分手　　　　　　　　　　　并步还原

动作要点：两手左右分开下落时，注意全身放松，同时气也徐徐呼出。呼吸平稳后，把右脚收到左脚旁。

第四单元　太极拳欣赏

一、从名称欣赏太极拳

太极拳的动作名称使得太极拳独具一格，富有诗意，唤起人们对美的感受。比如"白鹤亮翅"，概括力强、生动形象、美轮美奂；又如"野马分鬃""金鸡独立"等名称，生动贴切……

太极拳的名称之所以美，是因为它的作用、内容、风格相互契合，使人加深了对太极拳动作的形象理解，更好地反映了动作的本质表现。

二、从姿势欣赏太极拳

从太极拳的动作规格来看，其姿势细腻，讲究和谐对称，中规中矩，身法端正。

著名太极拳大师杨澄甫将太极拳的基本技术要领分为"虚灵顶劲""含胸拔背""松腰""分虚实""沉肩坠肘""用意不用力""上下相随""内外相和""相连不断""动中求静"等十大要领。从身体姿势上来看，太极拳是立身中正、上下相随、节节贯穿的虚实运动。从运动形式上来看，太极拳是刚柔相济、快慢相间、相连不断、滔滔不绝、一气呵成的运动。人的形体在套路演练过程中通过相对静态走势与衔接的过渡，能够塑造出无数有美感的艺术造型。

太极拳的规范动作技术让人感受到规矩的思想艺术，并潜移默化到人们的心灵深处，在给人形体美的同时还赋予了功夫背后的启迪和深思。

三、从战术欣赏太极拳

太极拳是中国武术的一个分支，除了具有强身健体的作用之外，更重要的是，它是一门实战性很强的应用技术。太极拳独有的特殊锻炼形式太极推手使得太极拳在欣赏意义上增加了无与伦比的欣赏内容。真实的格斗实战是欣赏不到的，即使通过艺术加工的影视作品也很难表达其真实的效果，但是我们可以通过太极推手这种特殊的锻炼形式来欣赏太极拳的战术美。所谓太极推手即太极拳对练的形式，以双人锻炼为主，运用太极拳的劲力、技法，遵循太极拳的原则而进行的运动。

"以柔克刚，后发制人"是太极拳的主要作战原则和思路的体现。以柔克刚的基础是肢体的放松，高水平的太极拳演练时身体的各个部位都能做到放松，欣赏到的是一种柔和的美。当身体处于紧张状态时神经的紧张会带来疲劳，不利于应对来势的反应，相反在身体放松的时候，则会有更多的应对机会。"克刚"在于把握对方的来力使其进入自己的省力作战范围，此也正是"四两拨千斤"之所在。以暴制暴，强力大而胜，这并不需要太极拳的技术就能做到，这种暴力运动是不需要欣赏的。后发制人是在对方采取行动时并不急于应对，而是等到最佳时机再出手，主动进攻会暴露自己的虚弱环节给对方抓住机会，正所谓"人不犯我，我不犯人，人若犯我，我必犯人。"这也在太极拳的文化底蕴上体现出中国传统的文化。谙熟太极拳的作战原则，在欣赏时则更能体会到太极拳的深厚魅力。

在太极拳的对抗中，能够体会到得势得利的不确定性。面对对手的强劲进攻，转危为安，逢凶化吉，无不引起我们的深刻思考。在任何不利的情况下，都存在很大的变数促使各种情况发生，欣赏这种运动给予我们的教育意义是值得肯定的。

（胡　彬）

图书在版编目(CIP)数据
男篮女舞/上海市复旦中学体育教研组编.—上海：上海教育出版社,2015.8
ISBN 978-7-5444-6572-4

Ⅰ.①男… Ⅱ.①上… Ⅲ.①体育课—中学—教材 Ⅳ.①G634.961

中国版本图书馆CIP数据核字(2015)第201232号

责任编辑 季陆生　王嫣斐
封面设计 王　捷

男篮女舞
上海市复旦中学体育教研组　编

出　　版　上海世纪出版股份有限公司
　　　　　　上　海　教　育　出　版　社
版　　次　2015年8月第1版
发　　行　中国图书进出口上海公司
书　　号　ISBN 978-7-5444-6572-4/G·5408